KB147404

앙코르—
신을 찾아 떠나는
즐거운 여행

앙코르–
신을 찾아 떠나는 즐거운 여행

강태욱 지음

1판 1쇄 발행 2015년 6월 10일
1판 2쇄 발행 2016년 1월 15일

펴낸이 안성호
편집 이소정 조경민 강별 ǀ 디자인 이보옥 황경실
브랜드 이리 ǀ 출판등록 2005년 8월 9일 제 313-2005-00176호
펴낸곳 리젬 ǀ 주소 04018 서울시 마포구 동교로9길 9 102호
대표전화 02-719-6868 편집부 070-4616-6199 팩스 02-719-6262
홈페이지 www.ligem.net 전자우편 iezzb@hanmail.net

© 강태욱, 2015

이 도서의 국립중앙도서관 출판예정도서목록(CIP)은 서지정보유통지원시스템 홈페이지(http://seoji.
nl.go.kr)와 국가자료공동목록시스템(http://www.nl.go.kr/kolisnet)에서 이용하실 수 있습니다.
(CIP제어번호: CIP2015014604)

ISBN 979-11-85298-53-5

앙코르–
신을 찾아 떠나는
즐거운 여행

강태욱 지음

이리

2009년 1월, 캄보디아 여행 중에 만난 한 분과 함께 앙코르왓에 갔다. 그분에게 라마야나(Ramayana) 이야기를 들으면서 망치로 머리를 한 대 맞은 느낌이었다. 캄보디아를 방문한 게 대여섯 차례 되었지만 그동안 아무것도 모른 채 유적지의 이름과 형상을 눈으로 직접 확인한 것으로 만족한 것이었다. 어쩌면 그때는 커다란 돌덩이만 본 게 아닌가 싶었다. 그날 들은 앙코르왓 유적 이야기는 내 인생을 바꿔 놓았다.

한국에 돌아와서도 문득문득 앙코르왓과 힌두 신화가 생각났다. 당시 늦깎이로 전남대학교 문화관광대학원을 다니고 있어서 그럴 때면 학교 도서관에서 캄보디아와 힌두교에 대한 책을 찾아 읽었다. 그리고 방학 기간이 되면 2, 3개월씩 캄보디아에 머물면서 유적을 보러 다녔다. 그 목마름은 끝내 나의 집을 캄보디아로 옮기게 했다.

캄보디아에 있는 유적만이 아니라 태국의 수코타이 아유타야 이싼 지방의 유적들, 라오스 왓푸 사원과 홍낭시다 유적들, 베트남의 미선 유적 등 동남아에 있는 앙코르 관련 유적을 보러 다녔다. 유적은 보면 볼수록 신비함과 새로운 감동을 안겨주었다.

이렇게 유적을 볼 때마다 간편하게 들고 다니면서 좀 더 쉽게 유적에 대해 이해할 수 있는 책이 없을까, 라는 고민을 하기 시작했다. 그러던 중 어느새 내가 유적에 대한 글을 쓰고 있었다. 글을 쓰다 보면 난해하거나 별다른 내용이 없는 것처럼 쓰게 되는 경우가 있다. 그래서 제대로 써서 한 권의 책으로 만들고 싶은 욕심이 생겼고, 그렇게 마음먹은 지 5년 만인 이제야 첫 발을 내딛게 되었다.

앙코르 유적을 몇 번 방문했거나 유적에 관심이 많아 공부를 한 사람들에게는 이 책이 너무 쉬울 지도 모른다. 특별히 새로운 내용도 없을 것이다. 하지만 앙코르 유적을 처음 보는 여행자들이 쉽게 이해할 수 있게 가장 기초적인 이야기를 담는 데 충실했다. 왕들이 산상 사원이나 저수지를 왜 만들었는지, 사원을 왜 하필 동쪽에 지었는지 등과 같은 내용이다.

캄보디아 땅에 사람이 산 것은 기원전 4천 년 전부터다. 그러다가 기원후 70, 80년경에 최초의 나라 '푸난'이 생겼고, 550년을 전후로 '쩬라'라는 나라가 생겼다. 802년 앙코르왓과 앙코르톰을 만든 캄푸차 데사가 생겼고 캄푸차가 참푸치아-캄보디아로 변경되었다. 크메르 유적혹은 앙코르 유적이라고 부르는 것들이 사실은 캄푸차 데사 시절에 만든 유적이다.

이곳 캄보디아에는 약 900개가 넘는 유적이 있는데, 이 책에는 수많은 유적들 중 꼭 봐야 할 핵심 유적 10곳과 외곽 유적 5곳, 똘레삽까지 총 16곳을 소개하고 있다. 핵심 유적 10곳은 5장으로 나누어 연대와 주제에 맞게 정리했다. 900년대부터 1200년대까지 300년에 걸쳐 만들어진 앙코르톰, 800년대 초반부터 800년대 말까지 초기의 도읍지였던 롤루오, 앙코르 지역으로 수도를 옮겼던 왕조가 안정을 찾아가던 900년대의 다양한 사원, 세계에서 제일 큰 신전이자 가장 큰 석조 건축물인 앙코르왓 그리고 자야바르만 7세의 유적들. 이 유적들을 순서대로 보는 데 각각 반나절이 걸릴 것이다. 그리고 똘레삽 호수는 여행자들이 씨엠립을 방문했을 때 가장 많이 들르는 곳을 중심으로 정리했다. 또 외곽 유적은 이동하기 쉬운 동선에 맞춰 벵 밀리아, 꼬 께, 쁘레아 비히어, 반테이 츠마를 보고 돌아오는 1박 2일을 제안했다. 그리고 시간이 날 때 프놈 꿀렌에 한번 다녀오자. 그렇게 하면 6일이 걸린다. 하루 더 여유가 있다면 앙코르왓과 앙코르톰을 한 번 더 보길 권한다. 이렇게 앙코르 유적을 7일 동안 보고 나면 가장 기본적인 유적은 어느 정도 보게 되는 것이다.

『앙코르-신을 찾아 떠나는 즐거운 여행』과 함께 7일간 유적을 둘러보는 데 도움이 되었으면 한다.

캄보디아에는 소중한 가치가 전해지고 의미 있는 사원이 너무나 많다. 모든 사원을 이 한 권의 책에 다 소개하지 못해 아쉬움이 남는다. 그중에서 특히 반테이 쌈레, 반테이 끄데이, 외곽 유적지로는 삼보 프레아 쿡, 캄퐁 스파이 쁘레아 칸 그리고 라오스 왓푸는 언제 기회가 되면 꼭 소개하고 싶은 사원이다.

이 책의 표기 방식에 대해 몇 가지 일러두고 싶은 게 있다. 가능하면 쉬운 용어를 쓰려고 노력했다. 예를 들어 참고 문헌 중 '따 쁘롬에서 브라마의 조상이 발견됐다.'에서 조상은 조각상으로 풀어서 표현했다. 조각의 종류에 따라 분류되는 환조와 부조는 일반 여행자들에게는 큰 의미가 부여되지 않을 것 같아 모두 조각이라는 이름으로 정리했다.

또 가능한 캄보디아 현지인들이 쓰는 용어대로 표현했다. 한국인과 캄보디아인의 발음 체계는 다른데, 반테이 쓰라이의 경우 '반'은 사실 '반'도 아니고 '본'도 아닌 그 중간 발음이다. '테이'도 마찬가지다.

'떼이'도 '띠에이'도 '띠아이'도 아닌 어중간한 발음이다. 그럴 경우는 발음하기 쉽게 표현했다.

우리가 흔히 표현하는 앙코르와트도 현지인은 대부분 '앙꼬(ㄹ)' 혹은 '앙코(ㄹ) 왓'이라고 말한다. 앙꼬(혹은 앙코) 뒤에 r발음이 묵음이기 때문에 '앙콜'도 아니고 '앙코르'도 아닌 어중간한 발음이라 편리하게 앙코르라고 표현했다. 그럼 '와트'는 무엇인가? 아쉽게도 우리나라는 일제강점기에 세계사를 알기 시작했다. '왓'을 발음하기 힘든 일본인은 와트라고 표기해왔고, 우리는 그것을 그대로 따라 부르고 있는 것이다. 그래서 이 책에서는 '앙코르왓'이라고 표기했다.

나는 여행자들이 유적을 둘러보기 전에 이 책을 한번 읽고, 유적지 안에서 조각상을 찾으며 한 번 더 읽었으면 하는 마음으로 글을 썼다. 그리고 유적을 이해하는 데 꼭 필요한 신화를 간단하게 소개해 놓았다. 힌두교에 대해 좀 더 알고 싶다면 내가 참고한 문헌들을 비롯해 전문서적을 찾아보기를 권한다.

이 글은 내가 썼지만 혼자 완성한 건 아니다. 현재 운영하고 있는 카페 블로그의 수많은 회원들과 캄보디아 유적지를 함께 여행했던 분들이 사진을 비롯해 많은 도움을 주셨다. 마지막으로 저녁마다 서재에서 컴퓨터와 책만 보고 있는 아빠를 이해해준 아이들, 몇 년을 묵묵히 지켜봐준 아내와 항상 신뢰하고 격려해주신 부모님께 이 책을 바치고 싶다.

2015년 6월 강태욱

캄보디아 전도

N

0   50   100   150 km

태국(Thailar

아란야 쁘리
(Aranya Prath

뽀이
(Po

태국만

■ 앙코르시대 도시
■ 푸난시대 도시
● 현 도시
----- 현 국경선

앙코르 유적 지도

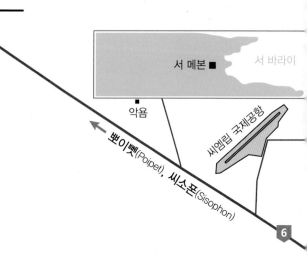

서 메본 ■　　서 바라이

악욤 ■

씨엠립 국제공항

뽀이뻿(Poipet), 씨소폰(Sisophon)

6

씨엠립 시내
(Siem Reap)

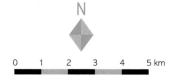

N

0　1　2　3　4　5 km

프놈 끄롬
(Phnom Krom)

똘레삽
(Tonle Sap)

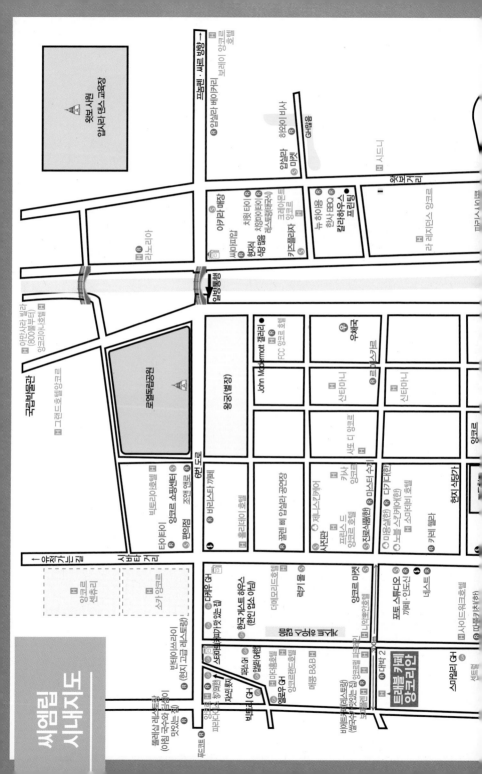

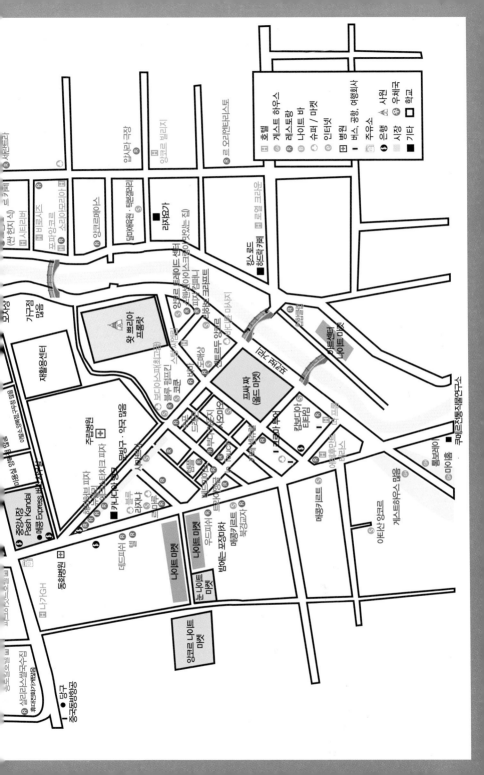

거대한 신들의 도시,
앙코르톰 Angkor Thom

고대 인도 사람들의 우주관은 세계의 중심에 거대한 산이 있고, 이 세상은 그 산을 중심으로 만들어진 것이었다. 그 산에 신들이 사는 도시 앙코르가 있다고 믿었다. 그들은 그 산을 티벳의 남서부에 있는 카일라스(Kailas) 산이라고 생각했다. 8,000미터가 넘는 산이 많은 히말라야에서 카일라스 산은 6,656미터로 그렇게 높은 편은 아니다. 하지만 힌두교, 불교, 자이나교 등 수많은 종교에서 성산으로 추앙받고 있어 신자들은 평생에 꼭 한 번 순례를 가고 싶어 하는 산이다. 산스크리트어로는 수메루(Sumeru), 불교에서는 수미산(須彌山), 비슈누파에서는 메루 산, 시바파에서는 카일라사(Kailasa) 산이라고 부른다. 신들의 도시를 건축한 앙코르톰에서 다양한 유적을 감상할 수 있다.

정사각형의 거대한 성벽 도시, 앙코르톰 Angkor Thom

앙코르는 산스크리트어인 나가라〉노코르〉옹코르〉앙코르로 음원이 변한 것이다. 신들이 사는 마을, 혹은 신들의 도시를 뜻한다. 크다라는 의미의 톰과 합성된 앙코르톰은 '신들이 사는 큰 마을'을 의미한다.

현재 앙코르톰의 원형으로 가장 먼저 이 도시를 만든 왕은 야소바르만(Yasovarman) 1세인데, 그는 남쪽에 있는 프놈 바켕(Phnom Bakheng)을 중심으로 야소다라푸라(Yasodharapura)를 건설하였다. 이후 라젠드라바르만(Rajendravarman) 2세는 쁘레 룹, 자야바르만(Jayavarman) 5세는 피미엔 아까(Phimeankas)를 중심으로 도시를 만들었다.

참파(베트남)를 물리치고 스스로 왕이 된 자야바르만 7세는 야소바르만 때 만든 기존의 2.5~3미터의 흙벽으로는 외적의 침입을 막을 수 없다고 판단하여 새로운 도시를 만들었다. 라테라이트로 한 변의 길이가 3킬로미터, 총 길이 13.2킬로미터, 높이 7~8미터의 정사각형 모양으로 지은 거대한 성벽 도시가 현재의 앙코르톰이다.

성벽은 방어를 위해서 외부는 수직으로, 내부는 언덕처럼 경사를 주었다. 그리고 도성의 네 모퉁이에는 쁘라삿 츠룽이라는 사원을 만들었다. 이 사원은 종교적인 의미도 있지만 수비를 위한 망루의 개념이 더 강했던 것으로 보인다.

사각의 성벽에는 출입문이 5개나 있다. 앙코르톰의 중앙 사원인

Angkor Thom
앙코르톰
세부 단면도

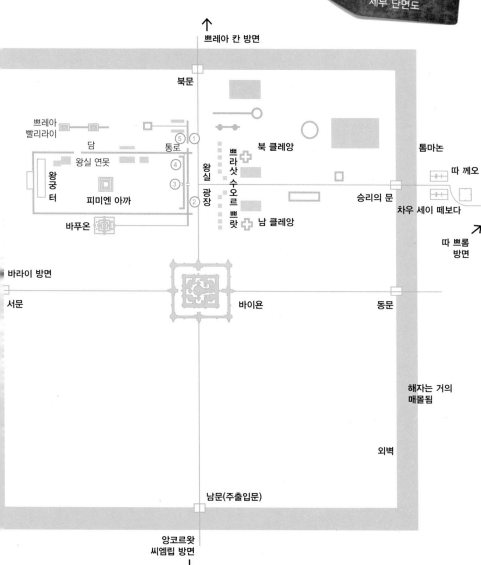

쁘레아 칸 방면 ↑

북문

쁘레아
빨리라이

담

통로

왕실 연못

왕궁
터

피미엔 아까

바푸온

⑤ ①
④
③
②

왕실 광장

북 클레앙

쁘라삿 수오르 쁘랏

남 클레앙

톰마논

따 께오

승리의 문

차우 세이 떼보다

따 쁘롬 방면 ↗

바라이 방면

서문

바이욘

동문

해자는 거의 매몰됨

외벽

남문(주출입문)

앙코르왓
씨엠립 방면
↓

① 문둥왕 테라스   ④ 이중벽/말머리 조각
② 코끼리 테라스   ⑤ 문둥왕 석상
③ 왕궁 동쪽 탑문

01 앙코르왓과 연결되는 남문은 원형이 가장 잘 보존되어 있다.
02 북문은 쁘레아 칸, 네악 뽀안과 같은 북부 유적으로 통한다.
03 서문에는 관광객이 거의 없고 주로 바라이로 오가는 주민들이 드나든다.
04 동문은 더 이상 길이 없어 잘 쓰이지 않아 한적하다.
05 승리의 문 위에 올라가면 부처님 조각이 있으니 살펴보면 좋다.

앙코르-신을 찾아 떠나는 즐거운 여행

바이욘을 중심으로 사방에 동서남북의 문을 만들고, 왕궁 앞에 승리의 문을 만들었다. 바이욘을 중심으로 폭 25미터의 도로가 사방으로 만들어져 있어 앙코르톰은 크게 네 구역으로 나누어진다.

　북서쪽은 왕궁과 바푸온, 피미엔 아까 등 왕을 위한 구역이다. 북동쪽에는 작은 사원들과 왕실 광장이 있다. 그리고 남쪽에는 석조 유적이 거의 없는 것으로 봐서 주거시설과 상업시설, 군사시설 등이 있었던 것으로 보인다. 자야 따따까(북 바라이)에서 북서쪽으로 물이 들어오고

　◉ 해자는 외적의 침입을 막고 신의 세계와 인간 세계의 경계를 구별한다는 두 가지 의미가 있다.

남서쪽으로 물이 빠져나가게 설계된 완벽한 계획도시였다. 이 거대한 도시에 약 10만 명의 사람들이 살았다고 기록되어 있으니 당시로는 세계에서 가장 큰 도시였던 것으로 추정된다.

앙코르톰의 문 구조는 모두 동일하다. 각 문 앞에는 폭 100미터의 해자를 건너는 다리가 있고, 다리 양 옆에는 〈젖의 바다 젓기〉 신화를 조각해 놓았다. 54개의 선신과 악신이 머리가 7개인 뱀의 왕 바수키를 잡고 있는 내용으로 이곳에 새로운 세상을 만들어 영원히 사라지지 않기를 소망한 것으로 보인다. 다리가 끝나는 부분에는 높이 23미터의 탑이 있다. 그 탑 위에는 사면상이 조성되어 있고, 그 밑으로는 머리가 3

◉ 남문 앞 다리에는 선신과 악신 석상이 조각되어 있다.

앙코르–신을 찾아 떠나는 즐거운 여행 ▰▰

개 달린 코끼리 아이라바타가 앉아 있다. 학자들은 머리가 4개 있는 사면상을 두고 세상을 창조한 신 브라마를 형상화한 것으로 여겼는데 연구 결과 자야바르만 7세 유적의 한 특징이었다.

캄푸차 데사(Kambujadesa) 왕국의 마지막 수도였던 앙코르톰은 단순히 하나의 사원이 아니다. 앙코르톰에는 자야바르만 7세를 위한 바이욘, 화려한 국가 사원 바푸온, 소마 공주를 만나는 피미엔 아까, 왕국의 연병장 코끼리 테라스, 왕실의 불교 사원 쁘레아 빨리라이 등 수많은 사원이 있다. 초기 유적부터 후기 유적까지 다양한 유적을 볼 수 있는 앙코르톰은 중요한 곳만 둘러봐도 반나절은 걸린다.

◉ 신들의 왕인 인드라는 아이라바타를 타고 다니며 사면상 주변의 산을 지켰다.

앙코르톰 유적
둘러보기 팁

1. 남문으로 들어가는 시간은 8시 30분에서 9시 30분 사이는 피하는 게 좋다. 대부분 여행 패키지가 8시 30분쯤 남문에서 출발한다. 그러니 조금 일찍 서둘러 비교적 사람들이 없을 때 가면 좀 더 편하게 둘러볼 수 있다. 바이욘을 둘러볼 때도 마찬가지다. 이른 시간에 이동이 힘들다면 9시 30분 이후에 가도 되지만 아주 더워지기 시작한다.

2. 바이욘은 동문으로 들어가서 서문으로 나온다. 사원을 정면으로 보고 왼쪽의 외부 회랑부터 둘러본다. 조각상을 모두 감상하는 데 2시간 내외가 소요된다. 시간이 없으면 남문에서 3층으로 올라가보자. 북문 우측에 크메르의 미소라고 불리는 사면상을 볼 수 있다.
서문 근처에 이동 수단을 기다리게 하고 바이욘을 나와 바푸온의 정문까지라도 툭툭이나 차량을 이용한다. 한참 더울 때 조금이라도 열을 식히고 물을 마시는 게 좋다. 바푸온에서 내리면서 이동 수단은 문둥왕 테라스 앞이나 화장실 앞에서 기다리게 하는 게 편리하다.

3. 바푸온은 2011년 10월에 문을 열었다. 국가 사원으로 아주 중요한 사원이며 앙코르왓 다음으로 큰 사원이니 꼭 둘러보자. 동문으로 들어가 서문으로 나온다. 만 12세 미만과 임산부, 민소매나 짧은 반바지를 입고는 입장할 수 없으니 무릎까지 오는 하의와 소매가 있는 상의를 준비한다. 랩스커트 같은 것을 걸쳐도 무방하다. 바푸온의 서면을 보면 누워 있는 부처상을 볼 수 있다. 거기서 왕궁의 남문으로 이동한다.

4. 조금만 이동하면 피미엔 아까의 서쪽 계단이 보인다. 경사가 좀 심하지만 올라가 보자. 나무 계단이 있어 그리 힘들지는 않다.

5. 계단에서 내려와 사원을 앞에 두고 왼쪽으로 돌아가자(길이 표시되어 있다). 왕의 목욕탕을 보고, 피미엔 아까의 동문 앞으로 걸어간다. 천년 전 왕이 그 길을 걸어갔을 것이다.

6. 왕궁의 동문을 지나 몇 개의 계단을 올라가면 앙코르톰의 광장이 보인다. 코끼리 테라스 한가운데가 바로 왕의 자리가 있던 곳이다. 천년 전 20만 의 대군과 코끼리 부대가 왕에게 충성을 맹세하던 그 자리에 서서 당시 왕의 기분을 느껴보자.
   왼쪽으로 테라스를 따라 걷는다. 코끼리 테라스가 끝나면 계단을 내려간 다. 문둥왕 테라스로 바로 올라가지 말고 약간 오른쪽으로 양쪽에 벽이 있는 조그만 길로 걸어간 뒤 돌아와서 문둥왕 테라스에 올라가자.

7. 문둥왕 테라스를 보고 나면 테라스 뒤에 장사하는 곳으로 유도된다. 체력 이 남아 있으면 탭 쁘라남이라는 기다란 참배로에서 왼쪽으로 들어가 쁘 레아 빨리라이를 둘러본다.

8. 앙코르톰을 나오면 워낙 많은 툭툭과 차량이 대기하니 가능하면 화장실 앞에서 만나는 게 편리하다.

천년의 미소, 바이욘 Bayon _축성시기 12세기 말 추정

바이욘은 앙코르톰의 중심 사원이다. 바이욘을 중심으로 앙코르톰을 만들었고 모든 도로와 배치가 완성되었다. 바이욘은 외벽과 해자가 없다. 앙코르톰의 성벽과 해자가 그 역할을 한다고 보고 있다.

바이욘은 수리야바르만(Suryavarman) 1세 때 만든 불교 사원을 자야바르만 7세가 증축해서 만들었다. 이 과정에서 설계를 최소 두 차례 이상 변경하다 보니 구조가 상당이 복잡하고 내부의 높낮이도 달라졌다. 그 후, 시바를 숭배했던 자야바르만 8세는 바이욘이 불교의 본부라고 여겨 불상을 파괴하고 구조를 변경했다. 그래서 지금도 내부 회랑은 미로처럼 복잡하다.

🏛 동문
천년 전 바이욘을 만든 자야바르만 7세의 힘을 느낄 수 있다.

앙코르-신을 찾아 떠나는 즐거운 여행

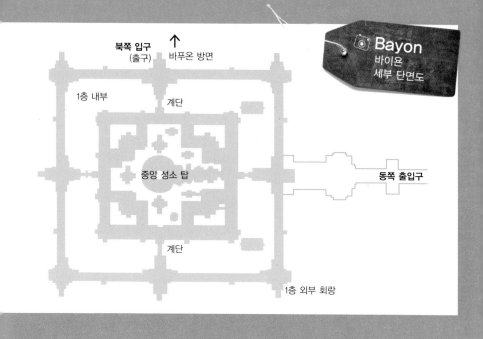

북쪽 입구
(출구)
↑
바푸온 방면

1층 내부

계단

중앙 성소 탑

동쪽 출입구

계단

1층 외부 회랑

Bayon
바이욘
세부 단면도

　　자야바르만 7세가 남긴 수많은 유적 중 바이욘은 중요한 의미를 지니고 있다. 앙코르왓을 만든 수리야바르만 2세는 1150년 참파로 출정을 떠났다. 이때 후계를 정하지 않아 제국은 혼돈에 빠졌다. 그 혼돈 끝에 1177년, 참파가 야소다라푸라를 쳐들어와서 수도에 불을 지르고 왕궁을 점령했다. 그때 캄푸차 데사의 불세출 영웅인 자야바르만 7세가 참파를 물리치고 스스로 왕이 되었다.

　　자야바르만 7세는 기존의 힌두교를 버리고 불교로 국교를 바꾸었다. 그 이유는 크게 두 가지로 추정된다. 우선 참파의 공격을 받은 백성들을 위해 새로운 지배 이념이 필요했다. 이곳은 시바와 비슈누 신의 축복을 받아 영원할 것이라고 믿었는데 참파의 공격으로 수도 야소다라푸라가 파괴되었다. 그래서 혼란스러운 백성들에게 새로운 희망을 주는 지배 이념이 필요하여 국교를 바꾸었다.

또 다른 이유는 기존 왕족의 반발 때문이었다. 힌두교는 계급사회였는데, 자야바르만 7세는 지방 호족 출신으로 정통 왕위 계승자가 아니었다. 참파를 물리친 그는 기존 왕족들의 반발에도 불구하고 스스로 왕이 되었다. 왕족이 곧 사제였기에 그들의 반발을 잠재우기 위해 누구나 평등한 불교로 국교를 바꾸었다.

그리고 나서 그는 완벽한 계획도시인 앙코르톰을 짓고 각 지방으로 연결되는 도로를 만들었다. 102개의 병원을 만들고 따 쁘롬, 쁘레아 칸, 따솜 등 각 사원을 신축하거나 증축하여 건축왕이라는 호칭을 받기도 했다.

자야바르만 7세는 강력한 힘을 바탕으로 주변을 정복해 갔다. 지금의 베트남, 미얀마, 말레이반도를 비롯해 인도네시아의 자바, 태국, 라오스 등을 정복하여 캄푸차 데사의 역사상 가장 많은 땅을 차지했던 왕 중 하나로 보고 있다.

그는 자신을 부처의 환생이라고 생각했다. 즉 붓다라자 사상으로 자신이 백성들에게 불교의 자비를 베풀어주는 부처라고 여긴 것으로 보인다. 그래서 그는 수많은 불교 사원을 지었고 그중 최고의 절정이 앙코르톰에 있는 바이욘이다.

바이욘은 20만 개가 넘는 각각 다른 크기의 돌을 접착제도 없이 쌓아서 지었다. 높이 45미터, 3층 구조로 1층 외부 회랑의 크기만 160×145미터다. 1층 외부 회랑의 벽면에는 자야바르만 7세의 가장 큰 업적인 참파 왕국과의 전투 장면과 신에 대한 경배, 당시 사람들의 일상생활 모습이 조각되어 있다. 대부분 사원의 조각은 힌두 신화에 나오는 이야기를 표현하고 있기 때문에 바이욘의 조각은 당시의 생활상을 연구하는 데 귀중한 자료다.

◉ 자야바르만 7세는 불교로 국교를 바꾸었다.

📷 1층 외부 회랑
동문에서 왼쪽으로 꺾어 들어가면 있다. 외부 회랑의 조각상을 모두 감상하려면 2시간 내외가 소요된다.

📷 앙코르 왕국의 중국인 병사들로 수염이 있고 머리를
묶었다.

📷 머리를 뒤로 넘기고 귀가 큰 캄푸차 데사의 군대다. 돌
에 감고 있는 밧줄 때문에 이들을 노예로 보기도 하고,
밧줄을 힌두교의 부적이라고 해석하기도 한다.

앙코르-신을 찾아 떠나는 즐거운 여행

01 아내가 남편을 뒤따르고 아이는 양이나 염소를 몰고 가는 보급부대를 묘사하고 있다.
02 한 남자가 발이 3개 달린 화덕에 불을 붙이고 있다. 조각된 화덕과 수레는 지금도 사용한다.
03 한 여자가 남자에게 자라를 건네고 있다. 캄보디아에서는 자라를 쪄 먹기도 하지만 자라의 껍질을 부
   적으로 사용한다.
04 병사들이 소를 나무에 묶어놓고 제를 지내고 있다. 소를 잡아서 피를 나누어 먹고 승리를 기원했다.

◉ 당시 앙코르에 살고 있던 중국인
모퉁이를 돌기 전 남쪽 끝부분에 묘사되어 있다. 이 벽화에 대한 기록은 남아 있지 않아 다양하게 해석된다. 서당이나 경매장 또는 한의원으로 해석된다.

◉ **서당으로 해석할 경우**

① 학생의 보호자
② 훈장
③ 등

④ 서당에 학비로 낼 가금류
⑤ 졸고 있는 학생을 훈장에게 이르는 아이
⑥ 졸고 있는 학생

◉ **경매장으로 해석할 경우**

① 경매에 물건을 낸 사람
② 경매사
③ 등

④ 물건과 교환할 가금류
⑤ 물건의 가격을 경매사와 손가락으로 흥정
⑥ 가격을 기록하는 사람

◉ **한의원으로 해석할 경우**

① 환자의 보호자
② 한의사
③ 매달아 놓은 한약

④ 약값으로 가지고 온 가금류
⑤ 환자가 쓰러졌다고 의사에게 알려줌
⑥ 쓰러진 환자

◉ 똘레삽에서 벌어진 전투 장면.

◉ 남쪽 동면에는 똘레삽에서 노를 젓는 사람(하단), 왕(상단) 앞에서 악기를 연주하고 춤을 추고 있는 사람이 조각되어 있다.

앙코르─신을 찾아 떠나는 즐거운 여행

똘레삽 주변의 풍속과 삶의 모습

짐승에게 놀란 사람이 나무 위로 올라가고 있다.

송아지에게 젖을 먹이고 있다.

심부름을 잘해서 칭찬을 받고 있다.

천장이나 머리 모양을 봤을 때 귀부인 집으로 추정된다.

산모가 아이를 낳으려 하고 한 여자가 산모를 받치고 있다.

머리에 사슴 모양의 장식을 한 사냥꾼이 활을 들고 큰 소를 사냥하고 있다. 발을 이용해 커다란 활의 시위를 당긴다.

크메르인(왼쪽)과 중국인(오른쪽)이 투계를 하고 있다.

중국인들이 똘레삽에서 놀고 있다. 그 위에는 크메르인이 투망을 던지고 있다.

멧돼지 싸움을 하고 있다.

크메르인이 참파의 목에 창을 찌르는 장면으로 크메르인을 크게 표현한 것으로 보아 자야바르만 7세의 위대한 업적을 기록한 것으로 추정된다.

사람들이 음식을 만들고 있다. 이곳의 기록을 정리한 사람은 프랑스 학자들인데, 프랑스는 개를 먹지 않아서 이 조각 동물을 돼지라고 해석하고 있다. 그런데 동물의 머리, 꼬리 길이 등을 볼 때 개에 가깝다. 크메르인들은 개를 삶아서 수육처럼 먹는다.

신을 위해 춤을 추는 압사라(Apsaras)다. 눈은 반쯤 감겨 있고, 눈썹은 크고, 좌우대칭이 맞지 않는 자야바르만 7세 시기의 독특한 특징을 가지고 있다. 앙코르왓보다 훨씬 거칠게 조각되었지만 편안하게 보인다.

북서쪽 코너에는 서커스 장면이 조각되어 있다.

남쪽 중앙에서 3층으로 올라가면 우뚝 선 중앙 성소가 있다. 자야바르만 7세는 바이욘의 중앙 성소에 높이 3.6미터의 부처상을 안치했다. 이 부처상이 가장 자비로운 미소를 지니고 있다고 한다. 하지만 자야바르만 8세 때 힌두교 사원으로 바뀌면서 불상은 파손되었다. 그 불상은 중앙 성소 아래에 있는 우물에 버렸는데, 1933년 앙코르 템플 큐레이터인 조르주 트루베가 발견하여 앙코르톰 동쪽 쁘람뻴 로벵에 안치했다.

💮 쁘람뻴 로벵에 안치된 바이욘의 부처상
승리의 문으로 가다 보면 오른쪽에 작은 사원이 있다. 그곳에 나가상 위에 앉아 있는 부처상이다.

앙코르-신을 찾아 떠나는 즐거운 여행

바이욘 중앙에 가장 우뚝 솟은 탑은 신들이 사는 메루 산을 상징한다. 이 탑을 중심으로 주위에 수많은 탑이 있다. 앙코르톰 남문의 석상이 54개이기 때문에 탑의 개수도 54개일 것으로 추정된다. 실제로는 49개의 흔적만 확인되고, 현재는 37개의 탑이 남아 있다. 바이욘은 이 탑들의 사면상으로 유명하다.

◉ '크메르의 미소'라고 불리는 사면상
석상 중에 가장 자비로운 미소를 지니고 있어 붙여진 이름으로 3층 북문 오른쪽에 있다.

앙코르-신을 찾아 떠나는 즐거운 여행

　사면상이 누구의 얼굴인지에 대해서는 크게 세 가지 학설이 있다. 첫 번째는 관세음보살의 얼굴이라고 본다. 자야바르만 7세는 대승불교를 숭배하면서 바이욘을 불교 사원으로 만들었다. 불교에서 가장 자비로운 관세음보살의 얼굴을 사방으로 새겨 백성들을 널리 보살피려고 했다는 것이다. 두 번째는 자야바르만 7세의 얼굴로 본다. 그는 바이욘 사원을 만들면서 그의 업적을 널리 알리고 동시에 역사에 남기려 했다. 세 번째는 부처이자 동시에 자야바르만 7세라고 보는 경우다. 그는 자신을 붓다라자, 즉 부처의 화신으로 여겨 백성들에게 자비를 베풀었다. 그래서 두 가지 얼굴이 섞여 있는 사면상이라고 추정하기도 한다.

　사면상의 얼굴은 참으로 다양하다. 넓은 이마의 얼굴, 두터운 입술을 가진 얼굴, 지긋이 눈을 감고 있는 얼굴, 은은하거나 단아한 미소를 띠는 얼굴. 놀라운 것은 같은 얼굴이 단 하나도 없다.

세상에서 제일 큰 퍼즐,
바푸온 Baphuon _축성시기 1060년

바푸온은 앙코르톰보다 약 200년 전에 만들어졌다. 수리야바르만 1세의 아들인 우데야디티야바르만(Udayaditiyavarman) 2세가 1060년에 만든 국가 사원이다. 국가 사원은 데바라자(Devaraja) 의식을 치르는 사원이다. 데바라자의 데바는 신, 라자는 왕을 뜻하며, 신왕일치사상 혹은 왕의 신격화로 해석할 수 있다. 위대한 캄푸차 데사는 802년 신성한 산 프놈 꿀렌에서 나라를 세우면서 큰 제를 지냈다. 그때 제를 지냈던 비문이 지금도 내려오고 있다.

"이제 이 땅은 시바가 다스리는 축복받은 땅이다. 왕은 신으로부터 받은 권한으로 백성들을 보호하고 다스릴 것이다. 백성들은 신을 섬기듯 왕에게 복종해야 한다."

해가 바뀌고 흉년이나 풍년일 경우 왕이 직접 제를 지내는 사원,

신의 세계로 가는 이 다리는 초기에는 바닥에 있었다가 중기에 다리 형태로 발전했다. 원래는 난간이 있었는데 지금은 소실되었다.

앙코르-신을 찾아 떠나는 즐거운 여행

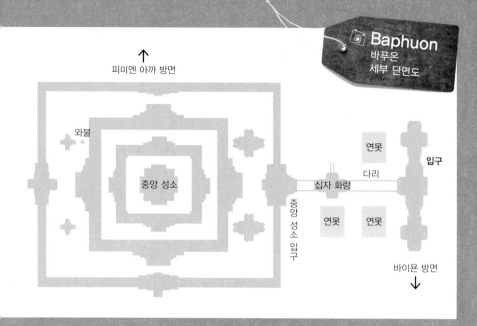

피미엔 아까 방면

와불

연못

입구

중앙 성소

다리

십자 화랑

중앙 성소 입구

연못

연못

바이욘 방면

왕이 신의 이야기를 백성에게 전하고 백성의 염원을 모아 신에게 전하는 사원을 국가 사원이라고 한다.

신들의 왕인 인드라의 궁전은 프놈 꿀렌에 있었다. 모든 신이 이곳에 모여 제를 지냈는데 평지로 수도를 이전하자 신성한 산을 대신하여 데바라자 의식을 행할 인공 산상 사원이 필요했다. 그래서 산을 상징하는 피라미드 형태로 국가 사원을 만들었다.

바이욘의 북문에서 약 200미터 걸어가 왼쪽을 보면 웅장한 바푸온을 볼 수 있다. 앙코르왓 다음으로 큰 사원이며 거대한 산처럼 보인다. 바푸온으로 가려면 약 200미터 길이의 다리를 건너야 된다. 3열로 된 이 다리는 수리야바르만 2세 때 만든 것으로 추정된다. 다리 양옆의 작은 연못은 해자를 상징한다.

다리를 건너가면 동서 120미터, 남북 100미터, 높이 43미터의 거대한 사원을 만나게 된다. 웅장하면서도 벽면이 곡선으로 이루어져 우아함이 느껴진다.

1296년 7월부터 1297년 6월까지 이곳을 방문했던 중국 원나라 사절단의 일행 주달관의『진랍풍토기』에 금탑(바이욘)에서 북서 방향으로 1리를 가면 동으로 만든 탑이 있다고 기록되어 있다. 동탑은 금탑보다 높고, 그 밑에 돌로 만든 방이 수십 개 있어 동탑의 장엄한 광경이 무척 뛰어났다고 한다.

『진랍풍토기』에는 이 사원의 원래 높이가 50미터라고 기록되어 있다. 하지만 지금은 43미터다. 학자들은 높이가 5~6미터의 청동으로 감싼 링가가 있고 그 위

◎ 1층에서 화살표를 따라 4층까지 둘러보고 내려와 서문으로 나오면 된다.
바푸온은 성스러운 사원으로 복장을 규제한다. 상의는 소매가 있어야 하고, 하의는 무릎을 덮어야 한다.

에 나무로 지붕을 만들어서 이 사원의 높이가 50미터였다고 추정한다.

17세기에 접어들었을 때 대부분의 사람들이 소승불교를 믿으면서 힌두교의 상징물인 링가는 필요 없게 되었다. 그러다가 동탑에 번개를 맞아 깨진 돌과 다른 곳의 돌을 가지고 와서 바푸온의 서쪽 면에 길이 75미터의 거대한 와불상을 만들었다.

앙코르 유적지는 대부분 메콩 강의 고운 퇴적층으로 이루어져 있

앙코르-신을 찾아 떠나는 즐거운 여행 ▬▬▬

◉ 한쪽 벽면을 타일 방식으로 잘라서 여러 모양으로
조각을 했다. 이 방식이 인도에서는 흔하지만 캄
보디아 유적지 중에서는 이곳이 유일하다.

◉ 인도의 대서사시 〈라마야나〉
01 라바나(Lavana)에게 납치당해서 랑카 섬에 있는 시타에게
   하누만이 찾아간다. 라마의 증표인 반지를 보여주며 라마
   가 구하러 올 것이라고 전하고 있다.
02 머리 10개, 팔 20개가 달린 라바나가 활을 쏘고 있다.
03 랑카의 전투에서 라바나의 아들 인드라지트가 라마와 락
   슈마에게 쏜 화살이 뱀으로 변해 그들의 온몸을 감아서 죽
   이고 있다. 이때 가루다가 와서 뱀을 죽이고 라마와 락슈
   마를 구해준다.

다. 바푸온은 약 60만 톤의 돌을 균형을 잘 잡아 쌓아올렸다. 그런데 거
대한 와불상 때문에 무게 중심이 무너져 사원은 점점 무너졌다. 1800

⊙ 입구 반대편 서쪽 면에는 돌이 쌓여 있는데, 조금 멀리서 보면 누워 있는 부처상을 볼 수 있다.

년대 말, 프랑스 학자들이 바푸온을 방문했는데, 이미 지반이 붕괴되고 있었다. 학자들은 시멘트를 부어보기도 하고 쇠로 고정해보기도 했지만 지반이 붕괴되는 것을 멈출 수가 없었다. 그러던 1960년 5월, 사원의 북면이 무너져 내렸다. 프랑스 학자들은 고심하다 1965년 이 사원을 해체하여 복원하기로 결정했다.

1층을 쌓고 2층의 중심부를 쌓던 1972년, 캄보디아의 내전이 너무 심해져 프랑스 학자들은 철수했다. 내전이 잠잠해진 1990년에 프랑스 학자들이 돌아왔지만 바푸온의 복원 자료는 대부분 사라지고 없었다. 프랑스 학자들은 돌을 스캔하고 이전 사진을 참고하여 다시 복원하기 시작했고 2011년 10월 1일, 4층까지만 1차 개방을 했다.

총 30만 개의 돌 조각 중에 27만 개만 완성되었기 때문에 이 사원은 세상에서 제일 큰 퍼즐이라고 불린다.

앙코르-신을 찾아 떠나는 즐거운 여행 ▬

🏯 잃어버린 왕국, 왕궁 Royal Palace _축성시기 10세기 말~11세기

　　앙코르톰의 왕궁 터가 있는 곳으로 가는 길은 다양한데, 바푸온을 보고나서 왕궁 터의 남문으로 들어가는 게 가장 좋다. 현재 이곳에는 왕궁이 없기 때문에 마치 아무것도 없는 숲속처럼 보이기도 한다. 왕궁이 있었던 자리를 짐작케 하는 주춧돌과 담장, 목욕탕, 그리고 '천상의 궁전'이라고 불리는 피미엔 아까가 있다.

　　돌로 지은 신전은 천년이 지나도 남아 있지만 사람이 살던 곳은 대부분 나무로 지어졌기 때문에 지금은 사라지고 없다. 게다가 나무들이 자라면서 주춧돌을 흔들어 세밀한 복원이 어렵다고 한다.

◉ 왕의 목욕탕.

왕궁 터는 585×246미터 크기에 라테라이트 담벽이 5미터로 전체 면적은 14헥타르다. 수리야바르만 1세 때 지었고 자야바르만 7세 때 참파의 침략으로 불타 없어진 것을 다시 지었다. 문은 동쪽에 1개, 남쪽과 북쪽에 각각 2개씩, 모두 5개의 문이 있다.

남문을 나와서 약 100미터의 오솔길을 따라가면 라테라이트로 만든 검붉은 3층의 사원인 피미엔 아까가 있다. 라젠드라바르만 2세 때 처음 지었고 왕궁을 만든 수리야바르만 1세 때 완공했다. 크기가 28×35미터에 높이는 12미터다. 각 모서리에 코끼리 석상이, 계단의 양쪽에는 사자 석상이 수문장으로 서 있다.

주달관의 『진랍풍토기』에는 피미엔 아까에 대해 다음과 같이 기록되어 있다.

◉ 아직 복원이 제대로 되지 않은 사자상과 코끼리상.

앙코르─신을 찾아 떠나는 즐거운 여행 ▪▪▪▪▪

"왕궁 앞에는 황금빛 뿔탑의 사원이 있다. 그곳에는 이 나라를 만든 수호신인 뱀의 정령, 소마 공주의 정령이 매일 밤 이곳에 나타난다. 왕은 매일 저녁 2시진(4시간) 동안 뱀의 정령과 잠자리를 해야 한다. 그 시간에는 왕비도 그 자리에 올라갈 수 없다. 뱀의 정령과 잠자리를 한 후에야 비로소 왕비의 처소에 들어갈 수 있다. 하루라도 올라가지 않으면 왕이 죽거나 나라가 망한다."

◉ 피미엔 아까
제일 꼭대기에는 사당이 있었던 것으로 보인다. 사자와 코끼리가 수문장 역할을 하고 있다.

이 이야기에서 우리는 두 가지를 생각해볼 수 있다.

첫째, 힘이 있는 자만이 왕을 할 수 있었다는 것이다. 경사가 70도가 넘는 계단을 매일 오르내리는 것은 체력이 뒷받침되지 않으면 할 수 없는 일이다. 따라서 피미엔 아까에 올라갈 수 없으면 스스로 왕위에서 물러나거나 퇴위를 당했을 것이다.

당시 왕은 자신의 아들이나 동생에게 왕위를 물려주기도 했는데 26명의 왕 중에 8명이 그렇게 했다. 왕궁을 만든 수리야바르만 1세는 아들에게 왕위를 물려주고 쁘레아 비히어에 들어가서 불교를 연구하며 살았다고 한다. 혹은 왕위 계승권자들이 모여서 협의를 하거나 자야바르만 7세처럼 힘으로 왕이 되는 경우도 있었다.

둘째, 왕이 이곳에서 점성술을 했던 것으로 추정된다. 고대 수메르 문명에서도 점성술의 흔적을 볼 수 있듯이 고대 문명에서는 별자리의 이동을 보면서 길흉화복을 예상했다. 고대 이집트 사람들이 나일 강이 범람하는 것을 별자리의 이동을 보고 안 것처럼 말이다.

기록이 없어 정확하지는 않지만 대부분의 학자들은 왕이 매일 이곳에 올라가서 4시간 동안 명상을 하거나 신에게 기도를 하고, 별자리도 관측했을 것으로 추정한다. 앙코르 왕국은 당시 농업국이었기 때문에 날씨 정보가 아주 중요했다. 별자리를 통해 건기와 우기를 구분하고, 이를 백성들에게 알리는 것은 왕의 중요한 역할 중 하나였다.

피미엔 아까는 건국신화에 등장하는 소마 공주 이야기와 데

🔘 **코끼리 테라스로 이어지는 동문**
벽면에는 왕궁을 만든 유래가 산스크리트어로 새겨져 있다.

바라자 사상(신왕사상)을 가장 잘 보여주는 사원이다. 코끼리 테라스
(Elephant Terrace)로 이어지는 동문이나 쁘레아 빨리라이로 이어지는 북
문으로 나오면 된다.

제국의 힘, 왕실 광장 Royal Place _축성시기 10~12세기까지 점진적 증축

왕궁의 동문을 나오면 약간 높은 돌담이 있다. 그곳에 올라가면 갑자기 눈앞에 경치가 확 바뀌면서 어마어마하게 큰 광장이 보이는데, 바로 왕실 광장이다.

왕실 광장은 당시 제국의 상징이었다. 국가적인 행사가 있거나 외국 사신을 영접하고 백성들이 모이는 장소로 활용되었다. 또한 전쟁에 출정하는 군대를 전송하는 장소로 이용했다. 당시 기록을 보면 최대 40만의 대군을 전쟁 때 동원했다고 한다. 이때 왕실 광장에 모인 병사들에게 왕은 술과 고기를 내려서 그들을 격려했다. 병사들은 왕에게 충성을 맹세하고 참파를 무찌르러 먼 길을 떠났다. 전쟁에 이기면 승리의 문으로 화려하게 들어왔다. 이처럼 왕실 광장은 제국 전쟁의 출발점이자 도착점이었다.

이뿐만 아니라 왕실 광장은 대규모 집회장이자 축제의 장으로 쓰이기도 했다. 캄보디아에서는 신년 4월에 공 던지기 게임 같은 포구 축제가 열렸다. 5월에는 영불수 축제가 열려 전국에 있는 모든 불상이 이곳에 모이고 사람들은 왕과 함께 불상을 씻는 행사를 가졌다. 6월에는 육지로 배를 끌고 와서 경주를 했고, 7월에는 벼 이삭을 태워 부처님에게 바치는 행사를 치렀다. 8월에는 10일 동안 애람이라는 춤을 추는 행사를 열었는데, 국왕은 외국의 사신을 초빙해서 함께 관람했다. 9월에는 압력이라는 인구조사를 실시했다.

　　왕실 광장에서 왕궁 쪽으로 보면 왕과 귀족들이 앉았던 긴 테라스가 있다. 왕궁 앞에 코끼리가 조각되어 있어 코끼리 테라스라고 부르고 석상 표면을 거칠게 표현해 놓은 곳은 문둥왕 테라스(Leper King Terrace)라고 부른다.

　　코끼리 테라스는 총 300미터의 길이에 제일 넓은 곳은 14미터나 되는 거대한 연병장의 건축물이다. 왕궁을 만든 수리야바르만 1세 때 처음 지었고 자야바르만 7세 때 증축한 것으로 추정된다. 코끼리 테라스에는 5개의 계단이 있다. 정문과 연결된 중앙에 3개, 남쪽과 북쪽 끝

부분에 각각 1개씩의 계단이 있다. 이곳에는 신화에 등장하는 상징물들이 조각되어 있다. 중앙 계단 사이에는 가루다와 사자가 테라스를 받들고 있어 로얄 테라스라고 부르기도 한다. 신성한 뱀이자 이 나라의 조상신인 나가는 허리로 난간을 둘러싸고 있고, 입구에는 나가가 머리를 들어 위엄을 보이고 있다. 사자는 수문장 역할을 하고 있다. 농사의 신 인드라가 타고 다니는 머리가 3개 달린 코끼리 아이라바타는 연꽃을 모으고 있다.

당시 전쟁을 할 때면 코끼리는 지금의 장갑차와 같은 역할을 했기 때문에 매우 중요했다. 당나라 『신당서』에는 잘 훈련된 코끼리가 5천여 마리, 송나라 『제번지』에는 20만 마리, 원나라 『도이지략』에는 40만 마리라고 기록되어 있다. 캄푸차 데사 역시 이렇게 어마어마한 코끼리 부대를 잘 활용하여 전쟁을 승리로 이끌곤 했다.

◉ 왕실 광장에서 바라본 코끼리 테라스의 중앙 계단.

◉ 테라스를 받들고 있는 가루다와 사자.

앙코르—신을 찾아 떠나는 즐거운 여행 ▬▬▬▬

◉ 사자상과 나가상
중기와 후기 나가상이 같이 있는 것으로 보아 점진적으로 증축한 것을 알 수 있다.

⊚ 왕궁 터의 동문 앞 왕의 자리에서 남쪽으로 조금만 가면 작은 계단이 나온다. 그곳에 사자와 가루다가 조각되어 있다.

⊚ 북쪽으로 가면 큰 부처상이나 비슈누상을 받친 것으로 추정 되는 연화대를 볼 수 있다.

⊙ 코끼리 테라스 북쪽 끝 부분
01 2마리의 아이라바타.
02 칼라(죽음의 신).
03 데비 혹은 데바타(Devata)라고 부른다.
　　사원을 지키는 여자 수문장이다.

코끼리 테라스 건너편에는 승리의 문을 중심으로 좌우에 라테라이트로 만든 12개의 탑, 쁘라삿 수오르 쁘랏(Prasat Suor Prat)이 있다. 이곳에 대한 기록은 남아 있지 않다. 왕실의 보물창고, 장례 의식 장소 등 다양한 용도로 사용했던 것으로 추정된다. 이 탑의 이름은 '로프 댄서의 탑'으로 해석되어 당시 축제 때 탑과 탑 사이에 로프를 걸고 줄타기 공연을 했을 것이라는 설도 있다.

주달관의 『진랍풍토기』에는 다음과 같은 재미난 이야기가 있다.

"두 사람이 분쟁이 생기면 그 사람을 각각 탑에 가두고 3, 4일 동안 물도 주지 않았다. 그러다가 두 사람 중 병에 걸린 사람이 잘못을 했다고 결론을 내렸다. 일종의 신벌인 셈이다."

실제로는 열심히 일을 한 사람은 탑 안에서 3, 4일을 굶어도 몸이 크게 상하지 않지만 매일 놀던 사람은 체력이 약해져서 3, 4일 만에 병이 생긴 것으로 추정한다.

쁘라삿 수오르 쁘랏 뒤편에는 좌우대칭으로 남북 클레앙(Kleang)이 있다. 북 클레앙은 라젠드라바르만 2세 때 목조로 만들었다가 그의 아들 자야바르만 5세 때 석조로 개축했다. 남 클레앙은 수리야바르만 1세 때 만든 것이다. 북 클레앙이 조금 더 크고 조각도 섬세하다. 이곳은 외국의 사신이 왕을 알현하기 전에 대기했거나 귀중품을 보관했던 장소로 보인다.

코끼리 테라스에서 북쪽으로 조금만 가면 문둥왕 테라스를 만날 수 있다. 이 유적에 관해 전해져오는 기록은 없고, 그 형태가 특이해 많은 이야기가 만들어지고 있다.

💮 재판소로 이용한 것으로 추정되는 쁘라삿 수오르 쁘랏.

문둥왕 테라스는 자야바르만 7세 때 지었고 자야바르만 8세 때 증축한 것으로 추정된다. 폭 25미터, 높이 6미터의 직사각형 모양에 8각형이 붙어 있는 독특한 형태의 건축물이다. 안으로 들어가면 2미터 정도 폭의 이중벽에 조각을 볼 수 있다. 본래 이중벽은 흙으로 채워져 있었는데 폭우로 일부가 무너져 내려 복원 작업을 통해 현재의 조각을 볼 수 있게 된 것이다.

이곳에 있는 문둥이 왕은 누구인지에 대해 학자들이 많은 연구를 했는데 세 가지로 추정한다.

첫째, 야소바르만 1세로 추정한다. 기록을 보면 그가 온몸에 진물을 흘리면서 5명의 왕비의 간호를 받다가 죽었다고 되어 있다. 그래서 그가 나병에 걸린 것으로 추정한다.

둘째, 자야바르만 7세로, 그는 102개의 병원을 짓는 등 치병에 관심이 많았다. 아마도 그가 문둥이병에 걸려서 그렇게 한 것으로 추정한다. 그리고 문둥왕 불상은 앉아서 오른쪽 무릎을 세우고 있는 자바불교의 특징이 있다. 자야바르만 7세 때 자바 지역까지 정복하면서 자연스럽게 자바불교가 유입된 것으로 고 보고 있다.

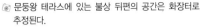
문둥왕 테라스에 있는 불상 뒤편의 공간은 화장터로 추정된다.

셋째, 신상이라는 설이 있다. 어떤 학자는 부의 신인 쿠베라, 어떤 학자는 고행하는 신 시바라고 말하기도 한다. 그런데 조르주 세데스라는 유명한 학자가 신상에 적힌 글자를 다르마라자라고 해석했다. 다르마라자는 죽음을 관장하는 신 야마의 또 다른 이름이다. 이 해석 역시 확실한 것은 아니지만 지금까지 가장 설득력 있는 것으로 보고 있다.

◉ 다양하고 독특한 부조가 재미를 더해주는
문둥왕 테라스 외벽.

앙코르 왕국의 초기 유적지,

롤루오 Roluos

옛날 사람들은 어두워지면 두려움에 떨었다. 해가 지면 세상은 어두워지고 사람들은 암흑에 빠지는 반면 짐승들은 눈이 밝아진다. 어두워지면 사람들은 짐승들에게 아주 좋은 먹잇감이 되었다. 그래서 사람들은 동굴이나 나무 위에 모여서 잠을 자고 누군가 불을 피우고 짐승의 공격을 대비해야 했다. 그러다가 아침에 해가 뜨면 사람들은 멀리까지 잘 보이니 무기를 들고 짐승의 공격을 대비할 수 있었다. 인간은 빛을 내어주는 태양을 고맙게 생각했고 숭배했다. 그래서 인간이 최초로 믿었던 신을 태양신으로 추정한다.

해가 뜨는 방향은 동쪽이다. 그래서 신은 동쪽에서 온다고 믿었다. 동쪽은 생명과 희망의 방향이다. 해가 지는 방향은 서쪽이다. 그래서 서쪽은 죽음과 두려움의 방향이다.

802년 캄푸차 데사는 신성한 산 프놈 꿀렌에 나라를 세우고 몇 차례 수도를 옮긴 후 롤루오 지역으로 다시 수도를 옮겼다. 자야바르만 2세부터 야소바르만에 이르기까지 약 100년 가까이 수도의 역할을 했던 곳이다.

이 지역의 옛 이름은 '하리하라라야 푸라(Hariharalaya Pura)'이다. '하리하라라야'는 세상을 유지하는 신 '비슈누(하리)'와 세상을 파괴하는 신 '시바(하라)'가 본디 한몸이라는 것을 의미하고 '라야'는 신이 쉬는 곳, '푸라'는 마을 혹은 도시국가를 뜻한다. 즉 비슈누와 시바가 편안하게 쉬어가는 집이 있는 마을로 축복받은 땅이란 뜻이다.

롤루오 지역은 씨엠립에서 프놈펜 방향으로 15킬로미터 정도 떨어진 곳에 위치한 곳으로 앙코르 왕국의 초기 유적이 모여 있다. 앙코르 문명 초기의 건축과 조각 양식이 잘 남아 있어 역사적 가치가 높은 곳이다. 일몰을 보고자 한다면 롤레이, 쁘레아 꼬를 둘러본 후 바콩에서 일몰을 감상하자. 일몰 경치를 꼭 볼 필요가 없다면 사원의 증축 연대별로 쁘레아 꼬, 바콩, 롤레이 순으로 둘러보자.

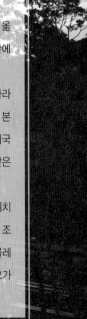

신성한 소를 만나는 가장 오래된 사원,

쁘레아 꼬 Preah Ko _축성시기 9세기 후반

쁘레아 꼬는 캄푸차 데사의 유적 중에 연대가 확인된 가장 오래된 사원이다. 세 번째 왕인 인드라바르만 1세가 즉위하고 2년 후인 879년에 선대왕인 자야바르만 2세와 자신의 아버지인 프리트비드라바르만과 자신의 외조부인 루드라바르만을 기리며 시바에게 이 사원을 바쳤다.

왕위를 물려받은 자야바르만 3세는 당시 아들이 없었는지 아니면 다른 이유에서인지 인드라바르만 1세에게 왕위를 물려줬다. 인드라바르만 1세는 그의 아버지가 왕이 아니었기에 혈통의 정당성을 위해서 쁘레아 꼬를 지은 것으로 보인다.

사원으로 들어가는 입구에 제일 처음 만나는 길은 신을 만나러 가는 신성한 길을 뜻하며 '참배로', '천상의 길' 또는 '신도'라고 부른다. 사원에는 앞에 3기, 뒤에 3기, 총 6개의 탑이 있다. 그리고 지금은 흔적만 남아 있는 가장 오래된 해자가 있었다. 해자의 길이는 480미터, 폭 390미터로 어마어마한 크기였다. 이 크기는 사원에 비해 훨씬 컸기 때문에 사원의 뒤편이 왕궁이라고 추정된다.

사원의 이름은 대부분 학자들이 사원의 특징을 연구한 후에 지어진다. 이 사원의 이름은 사원 입구에 시바가 타고 다니는 소를 형상화한 난디 석상을 보고 붙인 듯하다. '쁘레아'는 신성하다, '꼬'는 소를 의미하기 때문이다.

앙코르-신을 찾아 떠나는 즐거운 여행

Preah Ko
쁘레아 꼬
세부 단면도

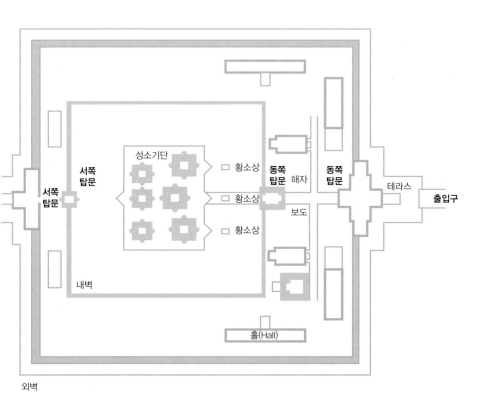

성소기단

황소상

황소상

황소상

서쪽
탑문

서쪽
탑문

동쪽
탑문

해자

동쪽
탑문

테라스

출입구

보도

내벽

홀(Hall)

외벽

참배로는 시간이 흐르면서 길이 점점 길어지고 다리 형태로 변하기도 해서 '천상의 다리'라고도 부른다. 탑은 앞의 왼쪽부터 프리트비드라바르만, 자야바르만 2세, 루드라바르만, 그 뒤는 각각의 부인을 기리는 탑이다.

앙코르—신을 찾아 떠나는 즐거운 여행

◉ 입구에 3마리의 소를 형상화한 난디는 시바를 기다리는 의미로 납작 업드려 탑을 향해 있다.

쁘레아 꼬처럼 시바를 모시는 신전에는 항상 시체를 먹어 치우는 신 칼라(Kala)가 지킨다. 시체가 많이 나오지 않을 경우 칼라는 굶어야 한다. 어느 날 칼라는 시바를 찾아가 신선한 고기를 배불리 먹고 싶다고 빌었다. 그러자 시바는 칼라에게 먼저 자신의 몸뚱이를 먹으라고 했다. 칼라는 시바의 말대로 자신의 몸뚱이를 먹은 후 아래턱까지 먹었다. 시바는 자신의 말대로 행한 칼라에게 영원히 자신을 지키는 수문장이 되게 했다.

◉ 한가운데 상단에 칼라가 있고 그 위에는 시바가 앉아 있다. 칼라의 입에서 용의 몸통이 나오고 그 용을 탄 말 위에 무사들이 있다. 또 칼라의 입김이 구름이 되고, 그 구름을 탄 뱀 위에 무사들이 있다. 말과 뱀 위에 있는 무사들이 이 사원을 지키고 이 나라를 지킬 것이라 믿고 조각했다.

◉ 칼라의 얼굴은 한국의 치우천왕, 처용의 모습으로 변화되었고, 2002년 월드컵 붉은 악마의 얼굴로 친근하다.

◉ 칼라와 비슷하게 보이는 신 라후다. 슈가팜, 개미집, 열대산 콩 열매, 고운 모래 등을 반죽해서 만든 동남아산 석회인 스투코(Stucco)에 조각한 것으로 쁘레아 꼬에서 흔하게 볼 수 있다.

앞에 3기의 탑은 남자 수문장 드바라팔라(Dvarapala)가 지키고 있고, 뒤에 3기의 탑은 여자 수문장 데바타가 지키고 있다. 데바타의 몸매는 다산을 상징한다. 이곳은 열대기후로 아이가 태어나면 온도에 적응을 잘 하지 못해 사망률이 높았다. 그래서 많은 아이를 낳는 것을 축복이라고 여겼다. 엉덩이와 가슴이 커야 아이를 잘 키운다고 생각했기 때문에 초기 데바타는 이러한 특징을 살렸고, 후기로 갈수록 나라가 안정되면서 아름다움을 중시 여겨 현대 미인과 같은 몸매의 데바타가 등장했다.

한편 데바타와 압사라를 혼동하는 사람도 있는데 둘은 전혀 다른 신이다. 데바타는 사원을 지키는 수문장이고, 압사라는 신을 위해 춤추는 무희다.

초기 유적의 대부분은 벽돌을 쌓아 만든 전탑 형식이다. 전탑 형식은 출입구 부분이 가장 취약하다. 그래서 쁘레아 꼬 역시 돌로 기둥을 세우고 그 위에 큰 돌을 놓아 만들었다. 그 돌을 린델(Lindel)이라고 하며, 한자로는 상인방이라고 부른다.

데바라자를 위한 최초의 국가 사원,
바콩 Bakong _축성시기 9세기 후반

바콩은 쁘레아 꼬에서 약 400미터 떨어진 곳에 있다. 자야바르만 3세가 라테라이트로 만들었다가 881년, 인드라바르만 1세가 시바를 찬양하며 사암을 붙여 만든 사원이다. 총 5층으로 만들어져 있으며 동서 남북의 출입문에서 양쪽에 사자상이 수문장으로 있다. 3층까지는 각 모서리에 코끼리상이 있고 4, 5층은 12개의 탑과 주탑이 서 있다. 5층은 12세기 초반 수리야바르만 2세 때 무너져 복원하여 다른 곳과는 양식이 조금 다르며 비슈누를 찬양하는 조각이 주를 이룬다.

바콩 유적지의 주요 특징은 다음과 같다.

첫째, 왕을 신격화하는 의식인 데바라자를 위한 최초의 피라미드 형태의 국가 사원이다.

◉ 최초의 피라미드 사원 바콩.

앙코르-신을 찾아 떠나는 즐거운 여행 ▮▮▮

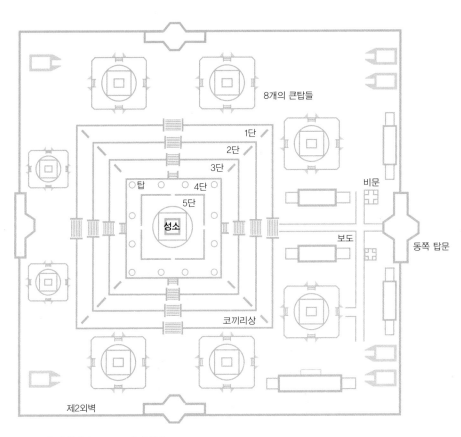

8개의 큰탑들

1단

2단

3단

탑 4단

5단

성소

비문

보도

동쪽 탑문

코끼리상

제2외벽

※제1외벽(넓이 900x700미터) 유실

피라미드 사원은 바콩을 시작으로 프놈 바켕, 쁘라삿 톰, 쁘레 룹 등이 지어졌고, 바푸온은 국가 사원(참조 44p) 역할을 약 200년 가까이 했다.

둘째, 최초로 나가가 등장한다. 이 지역은 늪지대가 많아서 뱀을 숭배했다. 뱀이 사원을 지키고 나라를 지킨다고 믿은 것이다. 초기 뱀의 머리는 2미터가 넘고 몸통의 지름은 1미터 정도로 어마어마하게 크다. 땅바닥에 배를 붙이고 7개의 머리는 각각 떨어져 있다. 중기에 접어들면 나가가 바닥이 아닌 난간으로 올라오고 5~9개의 머리가 조각되어 있다. 후기에는 왕을 상징하는 가루다가 한가운데에 자리 잡고 뱀을 움켜쥐고 있다.

뱀의 배가 땅에 붙어 있는 건 꼬 께 지역의 쁘라삿 톰에서도 볼 수 있고, 그 뒤로는 모두 난간으로 올라간다. 또 머리가 갈라진 것은 바콩, 쁘라삿 톰, 쁘레아 비히어까지만 이어지고 그 다음부터는 배광을 가진 뱀이 등장한다.

사원 입구에 있는 돌무더기는 원래 난디였는데, 원형이 제대로 보존되지 않았다.

◉ 뱀의 머리에 비늘까지 선명하게 조각해 놓았다. 가운데 둥근 원은 우주를 상징한다.

셋째, 이중으로 된 해자가 있다. 900×700미터의 큰 해자는 흔적만 남아 있지만 400×300×90미터의 내부 해자는 볼 수 있다. 이곳은 물을 볼 수 있는 최초의 해자다.

◉ 물이 있는 최초의 해자를 볼 수 있다.

넷째, 최초로 돌로 구성된 라이브러리(Library)가 등장한다. 대부분 사원의 입구, 참배로 양쪽에 2개가 있다. 라이브러리는 도서관이라는 뜻이 가장 보편적이지만 중요한 물건을 보관하는 장소라는 뜻도 있다. 이곳을 도서관으로 이용했다면 종이로 만든 문서가 있었을 텐데 그 기록이 하나도 남아 있지 않다. 따라서 이곳의 용도는 제를 지내기 위한 제물을 보관했거나 제를 지내는 사제들이 대기한 장소였을 것으로 추정한다. 또 당시 왕이 국가 사원에서 매일 제를 지낼 수는 없었기 때문에 하급 사제들이 이곳에서 향을 피우고 신에게 제물을 올렸을 것으로 본다.

◉ 4층에서 바라본 참배로와 라이브러리.

앙코르-신을 찾아 떠나는 즐거운 여행

다섯 째, 꼬리가 선명하게 남아 있는 사자상이 있다. 유적지에 있는 대부분의 사자상은 꼬리가 잘려 있다. 사자는 왕을 상징한다. 그리고 사자의 꼬리에서 힘이 나온다고 믿었다. 앙코르 지역을 점령했던 외부 세력들은 왕의 권력을 빼앗기 위해 사자의 꼬리를 대부분 잘라버렸다. 하지만 이곳 1층 남문에 있는 사자상은 꼬리가 남아 있다.

◉ 비슈누의 화신이자 왕을 상징하는 사자상.

◉ 1층 남동쪽 벽면
1960년에 복원을 했지만 다시 한쪽 벽이 무너져 내렸다. 라테라이트를 이용해 지은 후 사암을 붙였다.

◉ 사방에 출입문이 있고 그 앞을 사자상이 지키고 있다. 그리고 3층까지 각진 부분은 코끼리상이 사원을 지키고 있는데 코 부분이 훼손되었다.

앙코르─신을 찾아 떠나는 즐거운 여행 ▬▬▬

아수라의 전투와 신을 찬양
바콩의 조각은 대부분 퇴색되었지만 남쪽 3층에 선명한 조각이 2개 있다.

악마의 왕 히란야카시푸(Hiranyakapu)는 세상의 창조주인 브라마에게 축복을 받아 신과 악마에게도, 사람과 짐승에게도, 낮과 밤에도, 집 안과 집 밖에서도 죽지 않았다. 히란야카시푸는 이러한 능력을 함부로 행하며 온갖 악행을 일삼았다. 이를 알게 된 비슈누는 반은 사람, 반은 사자인 나라싱하(Narashingha)의 모습으로 집 안도 집 바깥도 아닌, 문지방에서 낮도 밤도 아닌 해질녘에 히란야카시푸를 죽였다. 그래서 이때부터 사자는 모든 문을 지키는 수문장이 되었다. 또한 비슈누의 화신으로 왕을 상징하기도 한다.

5층 중앙 성소 탑은 수리야바르만 2세 때 다시 지어 앙코르왓과 비슷한 모양이다.

마지막으로 바콩에서는 멋진 일몰을 감상할 수 있다. 평원이 아닌 숲이 펼쳐져 있어 시야가 좀 답답하긴 하지만 다른 유적지에 비해 한적하기 때문에 일몰을 감상하는 데 여유를 만끽할 수 있다.

앙코르 왕국의 왕들은 왕권을 강화하기 위해 조상을 위하는 사원, 자신의 위상을 높이는 사원을 지었다. 그리고 마지막으로 저수지를 지어 백성을 보살폈다.

캄푸차 데사의 세 번째 왕인 인드라바르만 1세는 롤루오의 강물을 이용하여 3,800×800미터 크기의 인드라타타카(Indratataka) 저수지를 만들었다. 그리고 893년, 그의 아들인 야소바르만 1세가 인드라타타카의 한가운데 90×80미터의 인공 섬을 만들고 수상 사원을 지었다. 섬 주변은 모두 벽돌로 담을 쌓고 배를 정박할 수 있게 하여 사원을 오갔다. 지금은 저수지는 모두 메워지고 논으로 변해 흔적만 보인다.

왕들은 왜 이렇게 저수지를 만들었을까? 식수와 농업용수만을 해결하기 위해 만든 것은 아니다. 캄보디아는 우기가 끝나는 10월 말~11월 초순이면 어느 지역이든 물이 풍부해서 이때 논에 모를 심었다. 건기인 2월 말~3월 초순에 추수를 하고 나면 다시 우기가 돌아올 때까지 물이 없어서 논농사를 지을 수 없었다. 그래서 왕들은 저수지를 만들어 건기 때 물을 공급했다. 오로지 신만이 할 수 있는 신성한 행위를 왕이 행한 것이다. 그리하여 백성들이 왕을 신과 같은 존재라고 생각하게 했다. 인드라바르만 1세 역시 이러한 이유 때문에 인드라타타카를 만들었다.

이 사원은 동 메본, 서 메본 등 수상 사원의 출발점이 되었다. 라젠드라바르만 2세가 만든 동 바라이의 중심에는 동 메본이라는 사원이 있고, 수리야바르만 1세가 만든 서 바라이에는 서 메본이 있다. 북 바라이라고 부르는 자야타타카(Jayatataka)는 자야바르만 7세가 만들었는데, 그 중심에는 네악 뽀안이라는 사원이 있다. 북 바라이는 우기에만 물이 차다가 2010년부터 계속 물이 고여 있다.

롤레이 사원은 벽돌로 만든 탑으로 쁘레아 꼬와 비슷한 양식이다. 총 6개의 탑을 만들었던 것으로 보이며 현재는 4개의 탑이 있다. 그중 2개는 온전하고 2개는 많이 파손되어 있다. 4개의 탑 한가운데를 보면 사방으로 사암으로 만든 기다란 물관이 있고 그 가운데에 시바의 상징물인 링가와 요니가 있다.

ⓒ 4개의 탑 중 2개는 쓰러져가고 있고. 오른쪽 탑도 온전하지 않아 보조물에 의지하고 있다.

시바를 모시는 사원에 링가와 요니가 조각되어진 데는 다음과 같은 이야기가 전해 내려온다. 먼 옛날에는 인간도 수행을 하면 축복과 저주를 내릴 수 있었다. 이 시절에 수행자들이 모여 보다 나은 세상을 만들려고 고민을 했다. 그것을 본 시바는 그들을 놀리려고 젊은 남자로 변신을 하여 벌거벗고 춤을 추며 수행자들의 부인들을 유혹했다. 이를 본 수행자들은 분통을 터뜨리며 "저런 나쁜 놈은 영원히 거세되어라."고 저주의 주문을 내렸다. 하지만 시바에게는 그런 주문이 통하지 않았다. 수행자들의 저주 때문에 화가 난 시바는 스스로 성기를 자르고 어둠 속으

⚜ 탑 안쪽 벽면에는 산스크리트어로 신을 찬양하고 조상의 업적을 기리는 글이 새겨져 있고 독특한 모양의 링가와 요니가 있다.

앙코르–신을 찾아 떠나는 즐거운 여행 ▬

로 사라져버렸다. 그러자 세상은 암흑 속으로 빠져들었고 모든 생물들의 생식이 중단되고 말았다. 시바는 대지의 신이자 생식의 신이었기 때문이다.

입구 오른쪽에는 1천 년이 넘는 오래된 절이 있다. 사원을 만들 당시 야소바르만 1세는 전국에 아쉬람(Ashram)이라는 이름의 수행자의 수행처를 100개 이상 만들었다. 이곳에도 아쉬람이 있었다고 기록되어 있다.

당황한 수행자들은 여자의 자궁을 관장하는 신 삭티를 찾아가서 도움을 청했다. 이야기를 들은 삭티는 이런 일은 시바만이 할 수 있다는 것을 알았다. 삭티는 여자의 성기 모양으로 변신하여 시바를 유혹했다. 어둠 속에 숨어 삭티를 지켜보던 시바는 그 유혹을 이기지 못하고 잘랐던 성기를 다시 붙이고 세상에 나타났다. 그러자 세상이 밝아지고 모든 생식이 회복되었다. 이것을 본 수행자들은 존경하던 시바의 바뀐 모습을 알아보지 못했다며 자책했다. 이 일이 일어난 후, 시바를 모시는 모든 사원에는 남자 성기를 형상화한 링가와 여자 성기를 형상화한 요니를 만들었고 수행자들은 영원히 시바를 섬기겠다고 맹세했다. 그래서 시바를 모시는 모든 사원에는 링가와 요니가 있다.

힌두교를 믿는 사람들은 링가의 윗부분에 물을 부어서 흘러내려 온 물을 먹거나 바르면 시바의 은총을 받는다고 믿었다. 롤레이의 요니는 링가를 중심으로 사방으로 뻗어 있다. 왕은 매년 이곳에 와서 그해 농사를 점쳤다. 링가의 윗부분에 물을 부었을 때 요니를 타고 가장 많은 물이 흘러가는 방향이 시바의 축복을 받아 농사가 잘 될것이라고 믿었다.

왕조의 초석을 다지던
시절의 유적

산은 인간에게 성스럽고 신령스러운 존재였기 때문에 사람들은
산을 숭배했다. 오래전부터 인간은 신이 하늘에 살고 있다고 믿었
다. 그렇다면 하늘과 가장 가까운 자연물은 무엇인가. 바로 산이
다. 그래서 사람들은 신을 만나기 위해 하늘과 가장 가까운 산에
올라가 신과 이야기하기를 원했다.

수많은 산상 사원 중 하나인 프놈 바켕(Phnom Bakheng)은 야소
다라푸라의 중심지였다. 비록 많은 사람들이 방문하지는 않지만
비슈누에게 바쳐진 최초의 사원 쁘라삿 끄라반(Prasat Kravan)은
탑 내부에 새겨진 섬세한 조각에 감탄이 절로 나온다. 2개의 갈
라진 제국을 합치고 수도에 만든 중심 사원 쁘레 룹, 사원 최초로
신화를 새겨 놓은 반테이 쓰라이까지 초기 중·후기의 유적들도
다양한 역사적 의의를 지니고 있다.

야소다라푸라의 중심,
프놈 바켕 Phnom Bakheng _축성시기 9세기 말~10세기 초

야소바르만 1세는 프놈 끄놈, 프놈 복, 쁘레아 비히어 등 여러 곳에 산상 사원을 만들었다. 그중 프놈 바켕은 야소다라푸라의 중심지였다.

앙코르 왕국 초기 가장 강력한 왕권을 행사한 야소바르만 1세는 롤루오 지역에서 지금의 앙코르 지역으로 수도를 옮겼다. 그리고 프놈 바켕을 중심으로 지름 4킬로미터, 총 길이 16킬로미터의 새로운 도시인 야소다라푸라(Yasodharapura)를 만들었다. 야소다라푸라 성벽의 높이는

ⓖ **동쪽 입구**
산으로 사원을 만들어 출입구부터 경사가 심하다. 지금은 훼손이 심하여 출입을 막는다. 왕이 올라가는 길은 동문이고, 지금(2015년)은 왼쪽에 있는 오솔길로 올라간다.

ⓖ **동문에서 바라본 프놈 바켕**
전통 힌두교 사원이기 때문에 동문으로 올라가야 한다. 지금(2015년)은 공사 중이라 남문으로 올라가 북문으로 내려오게 해놓았다.

앙코르-신을 찾아 떠나는 즐거운 여행 ▪▪▪

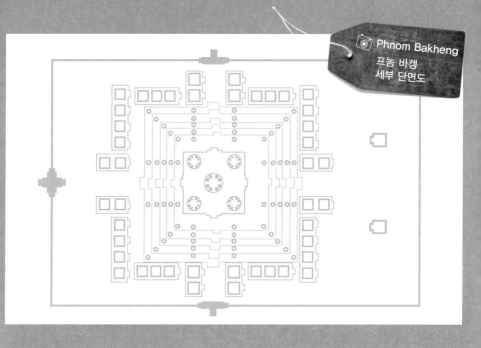

2~3미터 정도의 흙으로 된 성벽이었고, 그 위로 나무로 된 목책이 있었던 걸로 추정한다.

프놈 바켕은 해발 67미터의 산 정산을 깎고 다듬어, 가로 세로 76미터의 넓이에 13미터 높이의 7층 피라미드 사원을 만들었다. 그리고 그 위에 중앙 성소를 만들어서 907년에 시바에게 바친 사원이다.

동쪽으로 길게 나 있는 참배로를 걷다보면 한가운데에 부처님의 발자국을 볼 수 있다. 캄보디아의 전설 중에 부처님이 바다를 건너 프놈 끄놈, 프놈 바켕에 각각 한 발을 딛고 프놈 꿀렌으로 들어갔는데, 그때 남겨진 발자국이라고 한다.

108이라는 숫자를 신성하게 여겨 지은 108개의 탑.

참배로 한가운데에 있는 부처님의 발자

프놈 바켕은 총 108개의 탑을 만들어 마치 탑을 위한 사원처럼 보이기도 하는데, 지금은 많이 무너진 상태다. 인도인들은 108을 완전수로 취급하여 신성하게 여겼다. 또한 한쪽 면에서는 33개의 탑이 보인다. 힌두교의 33신위를 의미한다. 재미있는 건 어느 방향에서 봐도 33개의 탑이 보인다.

올라가는 계단의 입구에는 난디가 사방에서 시바가 환생하길 기다리고 있고, 각 층층마다 사자가 수문장으로 지키고 있다. 보통 사자상은 신전 입구나 계단의 양옆에서 사원을 지키는 수문장 역할을 한다. 가장 오래된 사자상은 삼보 지역 프레아 콕 사원에 있는 첸라 시절의 것이다. 초기 유적에는 사자상이 작고 갈기가 많고 앞다리를 곧게 세우고 엉덩이를 땅에 붙이고 앉은 모습이다. 시간이 흐르며 사자상이 점점 엉덩이를 들고 위엄을 강조하는데, 앙코르왓에 가면 그 모습이 절정을

앙코르-신을 찾아 떠나는 즐거운 여행 ■■■

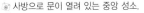
◉ 사방으로 문이 열려 있는 중앙 성소.

◉ 천년 간 세상에서 가장 아름다운 일몰을 지켜본 데바타.

이룬다. 하지만 위엄을 지나치게 강조하다 보니 전체적으로 엉성해 보이기도 한다. 그러다가 후기 유적으로 가면 엉덩이가 다시 내려오고 안정된 모습을 보인다. 사자상 모습만 보아도 연대를 추정할 수 있다.

정상에 올라서면 탁 트인 앙코르의 대평원이 보인다. 프놈 바켕의 제일 꼭대기에 있는 중앙 성소에는 5개의 탑이 있다. 마치 한가운데에 있는 중앙 탑을 나머지 4개의 탑이 호위하듯이 세워져 있다. 이것은 힌두교의 신성한 카일라스 산을 상징한다.

야소다라푸라의 중심인 프놈 바켕 사원을 세상의 중심이라고 여겼기 때문에 이곳은 사방으로 문이 열려 있다. 반면 다른 대부분의 사원은 신이 오는 방향인 동쪽으로만 문이 열려 있고 나머지는 대부분 가짜 문이다.

　　멀리 바다같은 똘레삽이 하늘과 맞닿아 있는 장관을 볼 수 있고, 서쪽으로는 서 바라이가 보인다. 그래서 일몰 때가 되면 하늘에서 지는 해와 바라이에서 지는 해를 볼 수 있어 앙코르 최고의 일몰지로 꼽힌다. 하지만 프놈 바켕은 일몰 뿐만 아니라, 다른 어떤 곳보다 다양한 볼거리가 있고, 많은 이야기가 담겨 있는 곳이다.

앙코르-신을 찾아 떠나는 즐거운 여행

비슈누에게 바쳐진 최초의 사원,
쁘라삿 끄라반 Prasat Kravan _축성시기 921년

씨엠립 시내에서 따 쁘롬 방향으로 8킬로미터 정도 가다보면 우측에 아주 작은 사원이 하나 있다. 바로 쁘라삿 끄라반으로 사람들의 발길이 많지는 않지만, 여러 가지 의미가 있는 아름다운 사원이다.

야소바르만 1세의 큰아들 하샤바르만이 재위 중일 때 세워진 쁘라삿 끄라반은 왕이 만든 사원이 아니다. 당시 상당한 귀족 집안에서 만든 것이다. 기록에 보면 921년에 중앙 탑 내부에 비슈누 신상을 세웠다고 쓰여 있다. 중앙에는 시바의 상징물인 요니를 볼 수 있는데, 이것은 후대에 놓은 것으로 추정한다.

쁘라삿 끄라반 유적은 몇 가지 중요한 의미가 있다.

첫째, 비슈누를 찬양하는 사원이 최초로 나왔다는 것이다. 인도의 경우 힌두교가 발생한 후 9~10세기까지는 시바를 찬양하는 경우가 우세했다. 그러다 11~12세기에 들어서면서 비슈누를 더 찬양하기 시작했다. 이처럼 왕을 상징하는 비슈누가 주신으로 등장한다는 게 상당히 의미 있다.

둘째, 이곳의 5개의 탑은 하나의 기단 위에 모두 동쪽을 향해 일자로 지어졌다. 중앙 탑을 중심으로 양쪽에 각각 2개의 탑이 있다. 그리고 그 앞에는 신도가 있고 어떤 목적인지는 분명히 알 수 없으나 의식을 치른 공간이 있다.

셋째, 탑 내부의 조각이 아주 세밀하다. 벽돌 위에 새겨진 신을 찬양한 조각은 앙코르 유적 전체에서도 손꼽힌다.

◎ 중앙 탑에 새겨진 비슈누 주위를 수행자들이 둘러싸고 있다.

　중앙 탑 오른쪽에는 가루다를 타고 있는 비슈누가 새겨져 있다. 비슈누의 4개의 손에는 각각 다른 물건을 들고 있다. 오른쪽 위 손에는 소라가 있는데, 불교에서는 법랍패라 한다. 비슈누가 바닷속 악마를 잡자 작은 소라 모양으로 변했다. 그래서 비슈누가 소라를 불면 신들은 용기가 솟고, 아수라는 두려움에 떤다. 오른쪽 아래 손에는 곤봉이 있다. 세상의 정의를 가르칠 때 썼다고 한다. 왼쪽 위 손에는 원반이 있는데 산스크리트어로는 챠크라, 불교에서는 법랍이라 한다. 아수라를 처단할 때 던져서 사용한다. 왼쪽 아래 손에는 아무것도 표현되지 않았지만 원래는 연꽃을 들고 있었다. 연꽃은 새로운 생명의 탄생을 뜻한다.

앙코르─신을 찾아 떠나는 즐거운 여행 ▬

◉ 가루다를 타고 있는 비슈누.

◉ 비슈누의 다섯 번째 화신 바마나.

ⓞ 락슈미를 찬양하는 노래를 부르면 행운을 가져다준다. 그래서 락슈미는 인도인들의 많은 사랑을 받는 신들 중에 하나다.

앙코르-신을 찾아 떠나는 즐거운 여행

중앙 탑 왼쪽의 조각은 비슈누의 다섯 번째 화신인 난쟁이 바마나를 표현한 것이다. 악마의 왕 발리는 악마의 세상과 인간 세상을 지배하고 신의 세상까지 넘보게 되었다. 평소 비슈누를 숭배하던 발리에게 가르침을 주기 위해 비슈누는 난쟁이 바마나로 변신하여 그를 찾아갔다.

바마나는 발리에게 세 걸음만큼의 땅을 요청했다. 발리는 난쟁이가 걸어봤자 얼마나 걷겠는가 싶어 부탁을 들어주었다. 그러자 바마나는 갑자기 어마어마하게 커지면서 첫 걸음에 세상을, 두 번째 걸음에서는 우주까지 걸었다. 그러고 나서 발리의 머리 위에 발을 얹고는 "이 발을 놓을 곳이 없구나. 너는 세상의 크고 위대함을 알겠는가."라고 말했다. 그제야 발리는 바마나가 자신이 존경하던 비슈누임을 알게 되었다. 발리는 잘못을 깨닫고 비슈누의 발을 자기 머리 위에 올려 달라고 했다. 비슈누는 발리 머리 위에 발을 올리고 그를 지옥 끝으로 밀어 넣어 영원히 지옥에서 못 나오게 했다. 그래서 힌두교에서는 발자국이 표시된 유적을 비슈누라고 여겨 공경한다.

북쪽 탑에는 비슈누의 아내인 행운의 여신 락슈미가 새겨져 있다. 다른 3개의 탑에는 조각이 남아 있지 않다. 하지만 남쪽에는 비슈누가 타고 다닌 가루다가 새겨져 있었을 것으로 추정된다. 쁘라삿 끄라반을 시작으로 비슈누를 찬양하는 신전은 앙코르왓에서 절정을 이룬다.

쁘라삿 끄라반은 아침 일찍 해가 뜰 때 방문하면 좋다. 햇살이 탑 안쪽까지 비추어 탑 안에 있는 조각들이 선명하게 보인다. 하지만 깔끔하고 간결한 사원이라 해 질 무렵에 방문해도 좋다. 언제라도 조용하게 볼 수 있는 사원이다.

쁘레 룹은 앙코르톰의 동쪽에 있다. 스라 스랑에서 동쪽으로 약 2~3킬로미터 지나면 왼쪽에 라테라이트로 만든 웅장한 사원인 쁘레 룹을 만나게 된다.

꼬 께 지역으로 왕도를 옮겼던 자야바르만 4세가 죽고 그의 아들 하르샤바르만 2세가 즉위한 지 3년 만에 사촌 라젠드라바르만 2세가 9대왕에 즉위하게 된다. 그는 집권과 동시에 왕도를 앙코르 지역으로 다시 옮긴다. 또한 오랫동안 버려두었던 야소다라푸라를 쁘레 룹을 중심

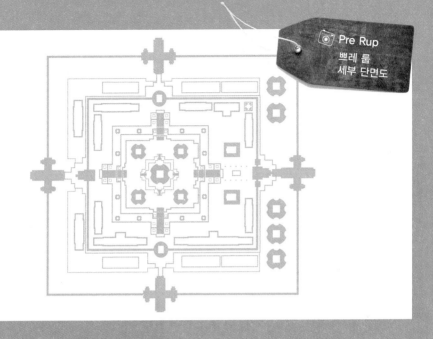

으로 재건하면서 동 바라이의 중앙에 동 메본(952년)을 짓고, 동 바라
이의 남쪽에 쁘레 룹(961년)을 지었다.

이곳은 바콩, 바푸온 등과 같은 국가 사원이자 왕실의 화장터로 사
용된 것으로 추정한다. 시바를 찬양하는 신전이면서 국왕의 무덤이기도
한 것이다. 출입문이 동쪽으로 열려 있고 신전의 양식이 두드러진 것으
로 봐서 무덤보다는 왕이 죽은 후 신이 되어 이곳에 머물기 때문에 기쁘
게 생각한 것으로 보인다.

쁘레 룹과 동 메본은 쌍둥이 사원처럼 비슷하게 생겼다. 그렇지만
동 메본은 수상 사원으로 조상을 기리는 사원이고, 쁘레 룹은 국가 사원
으로 카일라스 산을 상징한다.

◎ 직사각형의 돌 구조물은 시체를 올려놓았거나 시바가 타고 다닌 난디상을 올려놓기 위한 기단이었을 것으로 추정한다.

◎ 직사각형 돌 구조물의 양옆에 용도를 알 수 없는 건물이 있다. 중간마다 통풍구가 있는 것으로 보아 쁘레 룹이 화장터였을 것으로 추정된다.

◎ 중앙 성소에는 왕을 상징하는 링가를 안치한 것으로 보인다. 동남쪽 코너 부분에서 가슴을 치면 메아리가 울리는 공명 현상이 일어난다.

앙코르—신을 찾아 떠나는 즐거운 여행

◉ 비슈누의 세 번째 화신 바라하를 여성화시킨 모습.

◉ 비슈누의 아내이자 행운의 여신 락슈미.

쁘레 룹의 구조가 상당히
복잡한 것으로 보아 미처 생각
하지 못한 중요한 역할을 했을
지도 모른다. 사원의 외벽은
127×116미터, 내벽은 87×77
미터로 3층 구조다. 1,2층은 라
테라이트, 3층은 사암으로 쌓아
올렸고, 중앙 신전은 50×50미
터로 5개의 탑이 있다.

◉ 브라마의 아내 사라스바티. 브라미라고도 부른다.

쁘레 룹에서는 프놈 바켕과 마찬가지로 멋진 일몰을 감상할 수 있다. 오후 4시 이후에는 서쪽으로 펼쳐진 넓은 평원과 사원 전체가 붉은 노을로 물드는 아름다운 장관을 놓치지 않으려는 여행자들로 북적인다.

크메르의 보석,
반테이 쓰라이 Banteay Srei _축성시기 967년

쁘레 룹을 지나서 30분 정도 북동쪽으로 가면 작은 사원이 하나 있다. 이곳의 복원을 관장했던 프랑스 극동학원(EFEO)의 2대 원장인 앙리 마샬(Henri Marchal)이 "반테이 쓰라이는 크메르의 보석이다."라고 했을 정도로 아주 아름다운 사원이다.

반테이 쓰라이의 가장 큰 특징은 왕이 짓지 않았다는 것이다. 라젠드라바르만 2세 말기인 967년에 대사제였던 야즈나바라하(Yajnavaraha)가 지은 사원이다. 야즈나바라하는 하르샤바르만 2세의 손자로 산스크

⊙ 동쪽 입구의 프론톤(Fronton)에 머리가 셋 달린 코끼리 아이라바타를 탄 인드라가 새겨져 있다.

앙코르—신을 찾아 떠나는 즐거운 여행

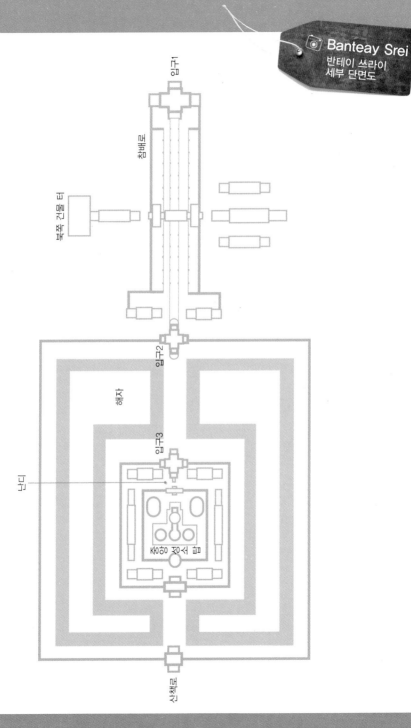

Banteay Srei
반테이 쓰라이
세부 단면도

입구1

참배로

북쪽 건물 터

입구2

해자

입구3

난디

중앙 성소 탑

산책로

리트어에 능통했고, 의사이자 예술가였다. 그는 라젠드라바르만 때는 대사제로 왕이 제를 지내는 것을 주관했고, 자야바르만 5세 때는 왕의 스승으로 6년간 섭정을 한 것으로 보고 있다. 그는 이곳에서 제를 지내거나 환자를 돌보았고 음악을 연주하던 공연장으로도 사용했다고 한다.

왕이 직접 짓지 않은 이 사원은 규모가 작다. 하지만 신전 구석구석을 모두 아름답게 장식할 수 있게 공간이 배치되어 있다. 또한 조각의 입체감이 뛰어나 마치 나무를 조각해 놓은 것처럼 섬세하다. 1936년에 발견된 비문을 보면 반테이 쓰라이가 있던 지역의 원래 이름은 이스바라푸라(Isvarapura)였다.

두 번째 특징은 정확한 이유는 알 수 없지만 이 사원의 주신이 둘이라는 것이다. 오른쪽으로 들어가면 비슈누, 왼쪽으로 들어가면 시바를 찬양하는 조각을 볼 수 있다.

세 번째 특징은 이 사원부터 스토리가 등장한다. 이전에는 대부분 신을 조각해 놓았지만 이 사원에는 신화가 새겨져 있다. 〈라마야나〉와 〈마하바라타〉 이야기의 일부를 조각하여 신을 찬양하였다. 이런 식의 조각은 앙코르왓에서 절정을 이룬다.

참배로 중간 부분에서 오른쪽으로 보이는 건물에는 재미있는 조각이 있다. 이 조각에 대한 해석은 두 가지인데, 하나는 비슈누의 화신인 나라싱하가 히란야카시프의 가슴을 찢어 죽이는 장면이라는 것이다. 또 다른 해석은 칼라가 신을 잡아먹는 장면으로 보기도 한다. 칼라는 선신과 악신을 가리지 않고 잡아먹었다.

◉ 동쪽 입구로 들어가면 약 150미터의 참배로가 나타난다. 다리 형태는 아니고 길 양쪽에 석등이 서 있다. 석등의 제일 윗부분은 연꽃이 피기 직전의 모양이다.

참배로 중간 부분에서 왼쪽을 보면 또 다른 조각이 있다. 흰 황소인 난디를 탄 시바와 그의 아내 파르바티(Parvati)다. 안타깝게도 파르바티의 얼굴은 사라지고 없다.

◉ 참배로 중간쯤에 있는 건물에 새겨진 조각은 두 가지로 해석된다.

◉ 시바와 그의 아내 파르바티.

앙코르-신을 찾아 떠나는 즐거운 여행 ■

ⓘ 라마의 아내 시타를 납치하는 라바나.

참배로가 끝나는 지점의 오른쪽 바닥에는 라마의 사랑 이야기로 알려져 있는 인도의 대서사시 〈라마야나〉가 새겨져 있다. 이 작품은 라마 왕자가 라바나 마왕에게 빼앗긴 부인 시타를 다시 찾아오는 내용이다. 반테이 쓰라이에 표현된 장면은 라바나가 자신의 부하를 황금사슴으로 변신을 시켜서 라마가 그걸 잡으러 간 사이 그의 아내 시타를 납치하는 것이다.

성소 쪽으로 발걸음을 옮기면 해자와 어우러진 반테이 쓰라이를 볼 수 있다. 성소의 문은 이중으로 되어 있는데, 첫 번째 문에는 불꽃 모양의 프론톤을 볼 수 있다. 시바가 원근감이 느껴질 정도로 정교하게 새겨져 있다. 그리고 2미터 정도 더 걸어가면 또 다른 문이 나온다. 이곳에는 가루다와 비슈누의 아내인 락슈미에게 갠지스 강물을 뿌려주고 있는 코끼리가 조각되어 있다.

01 해자의 크기는 110×95미터, 중앙 사원은 38×42미터로 작다. 사원의 문도 1.3미터 정도고, 사원의 내
부도 2미터가 넘지 않는다.
02 화려하게 조각된 시바.
03 코끼리의 축복을 받는 락슈미.

앙코르-신을 찾아 떠나는 즐거운 여행

중앙 성소는 붕괴의 위험 때문에 들어갈 수 없어서 바깥쪽 프론톤만 볼 수 있다. 이 조각에 대한 해석은 다양한데, 흔히 춤추는 시바를 새겨 놓은 것으로 본다. 시바가 춤의 신이며 그 앞에 선명하게 잘린 난디가 있기 때문이다. 최근에는 비슈누나 하리하라(시바와 비슈누가 한 몸 일 때 부르는 이름)일 거라는 의견도 나오고 있다. 아마 이 사원에서는 두 신을 같이 모시기 때문일 것이다.

◉ 중앙 성소 동쪽 입구의 조각은 춤추는 시바, 비슈누, 하리하라 등 다양하게 해석된다.

반테이 쓰라이를 둘러볼 때는 오른쪽으로 돌면서 보는 게 좋다. 북쪽 라이브러리의 동쪽 면 프론톤에는 인도의 대서사시 〈마하바라타〉 내용이 새겨져 있는데, 비슈누의 여덟 번째 화신인 크리슈나의 위대함을 찬양하고 있다.

인도의 마투라 왕국에 깜사라는 왕이 있었는데, 그는 아버지를 힘으로 무찌르고 스스로 왕이 되는 등 많은 악행을 저질렀다. 비슈누는 그에게 조카들로부터 죽음을 당할 것이라는 저주를 내렸다. 그러자 깜사 왕은 조카들이 태어나자마자 모두 죽여버렸다. 그런데 일곱 째인 발라라마와 여덟 째인 크리슈나는 태어나자마자 보자기에 담겨 강물에 흘려보내 유목민의 손에 자라게 되었다.

그 마을의 유목민들은 인드라에게 큰 제사를 지내며 생활했다. 청년이 된 크리슈나는 마을 사람들에게 유목민이 농사의 신 인드라에게 제를 지낼 필요는 없다고 말했다. 마을 사람들이 그 말을 듣고 인드라에게 제를 지내지 않자 인드라는 화가 났다. 이 마을 사람들은 매년 큰 산에 불을 질러서 다음 해의 목초지를 준비했는데, 이때마다 인드라는 비를 내려 그들을 방해했다. 그러자 크리슈나와 발라라마가 하늘에 화살을 가득 메워 비가 내리지 못하게 했다.

또 다른 해석으로는 크리슈나와 아리쥬나가 길을 가다 불의 신 아그니를 만났다. 불의 신 아그니는 칸다바 숲에 불을 질러서 그곳의 약초를 먹으려고 했다. 이것을 알게 된 인드라는 그 숲에 사는 뱀인 딱샤카가 다칠까봐 아그니가 불만 지르면 비를 내려 방해를 했다. 아그니는 크리슈나와 아리쥬나에게 도움을 요청하여 칸다바 숲을 태울 수 있게 되었다.

⊛ 크리슈나의 위대함
① 머리가 셋 달린 코끼리 아이라바타를 탄 인드라.
② 하늘로 화살을 쏘는 발라라마.
③ 하늘로 화살을 쏘는 크리슈나.
④ 하늘을 가득 메운 화살.
⑤ 인드라가 내린 비가 밑으로 내리지 못함.
⑥ 산에 불이 붙어 평온해진 사람들.
⑦ 불이 붙어 어디로 도망가야 할지 모르는 원숭이.
⑧ 화살을 타고 인드라에게 가는 뱀 딱샤카.

⊛ 성인이 된 크리슈나와 발라라마가 깜사왕을 잡아 죽이고 있다.

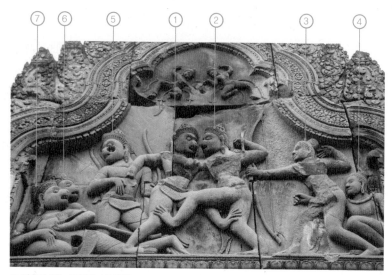

⑥ 싸우고 있는 발리와 수그리바
① 수그리바와 싸움을 하는 발리.　⑤ 라마의 활에 맞은 발리.　⑦ 아내의 품에서 죽어가는 발리.

자세히 보면 ①~③번과 ④~⑦번의 얼굴이 조금씩 다르다. ①~③번은 아나스틸로시스(Anastylosis 완전 해체 복원) 방식으로 복원을 했는데, 얼굴을 찾을 수 없어 다시 만들었다. 천년 뒤에 누가 봐도 표시가 나야 하므로 일부러 거칠게 만들었다.

　　서쪽 탑문 위에는 〈라마야나〉 신화 일부분이 새겨져 있다. 라마는 자신의 아내를 납치해간 라바나를 잡기 위해 길을 가다가 원숭이 수그리바를 만난다. 원숭이 나라의 왕인 발리와 수그리바는 형제였다. 형발리가 악의 정령을 잡으러 동굴에 들어간 후 발리의 비명 소리가 들렸다. 동생 수그리바는 형이 죽었다고 생각하고 동굴의 입구를 막고 원숭이 나라로 돌아와서 왕이 되었다. 그런데 몇 년 뒤 돌아온 발리는 수그리바가 일부러 입구를 막은 것으로 오해를 하고 그를 내쫓고 그의 아내와 아이들을 옥에 가두어버렸다. 이 이야기를 들은 라마는 수그리바와

앙코르-신을 찾아 떠나는 즐거운 여행 ▬▬

ⓐ 까마(Kama)를 불에 태워 벌을 주고 있는 시바
① 사랑의 활을 들고 있는 까마.   ③ 파르바티.
② 시바.   ④ 슬피 울고 있는 까마의 아내.

같이 발리를 만나러 갔다. 발리와 수그리바는 만나자마자 싸웠다. 라마는 동생 락슈마로부터 신에게 받은 활을 받아 쏘았다. 화살에 맞은 발리는 그의 아내 타라의 품에서 죽어갔다.

남쪽 라이브러리 서쪽 면 프론톤에는 〈사랑의 신 까마〉 신화가 새겨져 있다. 시바의 아내인 사티(Sati)는 히말라야 산신인 그녀의 아버지가 자신의 남편을 모욕한 것에 화가 나서 자살했다. 사티를 잃은 슬픔에 빠진 시바는 히말라야의 카일라스 산에 들어가서 깊은 명상에 잠겼다. 천년의 세월이 흐르는 동안 사티는 히말라야의 딸인 파르바티로 환생했다.

자신이 사티의 환생임을 알게 된 파르바티는 명상 중인 시바 옆에 가서 시바를 애타게 불렀다. 하지만 명상에 빠진 시바는 파르바티가 온 것을 몰랐다. 마침 히말라야 산에 놀러온 사랑의 신 까마를 만난 파르바티는 자신이 온 걸 시바에게 알려달라고 부탁했다. 까마는 시바에게 사랑의 화살을 쏘아 도와주었다. 하지만 시바는 자신에게 화살을 쏜 까마를 태워서 재로 만들었다. 파르바티가 사티의 환생임을 알게 된 시바는 사랑에 빠졌다. 파르바티는 자신 때문에 죽은 까마를 다시 살려달라고 시바에게 부탁했다. 하지만 시바는 재로 날려버린 것은 되돌릴 수 없다고 하며 대신 까마를 영원히 존재할 수 있게 해주겠다고 약속했다. 이런 신화 때문에 힌두교에서는 사랑은 눈에 보이지 않지만 영원하다고 여긴다.

남쪽 라이브러리 동쪽 면 프론톤에는 〈라마야나〉 신화에 나오는 시바의 위대함을 찬양하는 내용이 새겨져 있다. 랑카의 왕이자 아수라의 왕인 머리가 10개 달리고 팔이 20개 달린 라바나는 시바를 추종했다. 하루는 시바를 자신이 사는 랑카에 데리고 가려고 시바가 있는 카일라스 산을 찾아갔다. 시바를 만나고 싶었지만 입구에 원숭이 수문장이 라바나를 들어갈 수 없게 했다. 화가 난 라바나는 원숭이 수문장을 때려 죽였다. 원숭이 수문장은 죽기 전에 "너는 원숭이 손에 죽게 될 거야." 라는 저주를 내렸다. 그러자 라바나는 카일라스 산을 들어서 흔들어버렸다. 놀란 짐승들은 도망을 가고, 파르바티는 시바의 품에 안겼다. 화가 난 시바는 라바나를 발끝으로 눌러 꼼짝 못하게 했다. 라바나는 시바를 찬양하는 노래를 천년간 부르고 겨우 풀려나게 되었다.

🙏 카일라스 산을 뒤흔든 라바나를 발로 눌러 꼼짝 못하게 한 시바
① 시바를 추종하는 라바나.　　④ 놀란 짐승들.
② 원숭이 수문장.　　　　　　⑤ 놀란 하급신들.
③ 시바의 품에 안긴 파르바티.

　　반테이 쓰라이의 마지막 특징은 아나스틸로시스 공법을 이용하여 복원한 것이다. 이러한 방식으로 복원한 데는 결정적인 사건이 있었다. 프랑스의 유명한 작가 앙드레 말로에 얽힌 이야기 때문이다. 1923년, 당시 스물두 살의 앙드레 말로는 반테이 쓰라이를 방문했다. 이곳의 여자 수문장인 데바타의 조각을 동양의 모나리자라고 표현하며 극찬을 했다. 그는 이곳의 데바타 조각 2점 등 총 6점을 훔쳐 달아나다가 프놈펜에서 잡혀 6개월의 실형을 선고받았다.

　　1923년 당시 사건으로 인해 압사라 유적 보존 사무소는 더 이상 반

◉ 앙드레 말로가 훔쳤던 데바타 부조.

앙코르–신을 찾아 떠나는 즐거운 여행 ▬▬

테이 쓰라이를 방치할 수 없어 복원하기로 결정했다. 복원 방식을 고민하던 학자들은 아나스틸로시스 공법으로 1931년부터 1936년까지 사원의 돌과 흙을 모두 해체하고 지반을 다져 다시 사원을 만들었다. 고도의 기술이 요구되는 이 방식으로 반테이 쓰라이는 성공적으로 복원되었다. 이때부터 앙코르 유적의 많은 사원들은 이와 같은 방식으로 복원되었다. 이후 앙드레 말로는 유명한 소설로 대중들에게 알려졌고, 1960년대 드골 정권에서는 프랑스의 문화부 장관이 되기도 했다. 당시 앙드레 말로는 강대국의 식민지 문화재 약탈을 맹비난하기도 했다.

섬세하고 아름다운 반테이 쓰라이는 오전 9시 이전이나 오후 4시 이후에 둘러보기 좋다. 오전에는 동쪽으로 열려 있는 문을 통해 아침 햇살을 맞으며 유적을 둘러보기 좋고, 해질 무렵이면 노을과 붉은 사암이 어우러져서 멋진 광경을 안겨준다.

세계에서 가장 큰 신전,

앙코르르왓 Angkor Wat

앙코르왓은 1860년 생물학자 앙리 무어의 여행기가 서방세계에 알려지면서 많은 관심과 연구가 이루어졌다. 앙리 무어가 방문한 당시 앙코르왓에는 1천 명의 승려가 있었다고 한다. 그전에도 여러 나라의 수도사가 방문을 했고, 많은 사람들이 살면서 사원을 가꾸었기 때문에 나무에 의한 파손이 적은 편이다. 하지만 당시 공사가 미완성된 흔적들이 곳곳에서 발견된다. 그럼에도 불구하고 다른 어떤 사원보다 규모가 크고 볼거리가 많다. 많은 학자들이 앙코르왓을 연구했지만 과학이나 기술로 풀리지 않는 수많은 신비를 가지고 있다.

앙코르왓의 본래 이름은 정확한 기록이 없어 알지 못한다. 1431년 아유타야의 침범으로 버려졌다가 사람들이 다시 들어와 살면서 그곳을 앙코르 혹은 앙코르 뚜이라고 불렀다. 캄보디아어로 뚜이는 중간 크기라는 뜻이다. 1793년, 이 땅을 점령한 태국인들은 이곳을 절이라고 생각하여 앙코르 단어 앞에 태국어로 절을 뜻하는 '왓(Wat)'을 붙여 불렀다. 1904년 태국은 프랑스와 국경 협정이 이루어졌고, 1907년에 씨엠립 지역을 다시 캄보디아에 돌려주게 되었다. 프랑스 학자들은 태국인들이 부른 명칭의 어순(왓앙코르)이 자연스럽지 않아 지금처럼 앙코르왓이라고 불렀다.

캄푸차 데사는 산스크리트어를 받아들여서 야소바르만 1세 때 고대 크메르어를 만들었다. 태국은 600여 년 동안 캄푸차 데사의 식민지였다. 고대 크메르어가 태국과 라오스로 넘어가서 태국어와 라오스어를 만들어낸 것이다. 캄보디아에서 '왓'이라는 단어는 유일하게 쓰이는 태국어다.

서방의 학자들은 처음에는 앙코르왓을 크메르인의 조상이 만들었다고 믿지 않았다. 마케도니아의 왕으로 인도까지 동방원정을 왔던 알렉산더대왕이 지은 신전일 것이다, 중국인들이 와서 만들었을 것이다, 신이 만들었을 것이다. 아니다, 세상이 만들어질 때 본래부터 있었다와 같이 많은 이야기가 전해져왔다. 학자들은 다양한 연구를 통해 앙코르왓의 비밀을 하나둘 밝히고 있다.

하지만 앙코르왓에 대한 기록은 많이 남아 있지 않아 학자들이 연구하는 데 어려움이 있다. 1911년 프랑스 극동학원 원장이자 금석학자

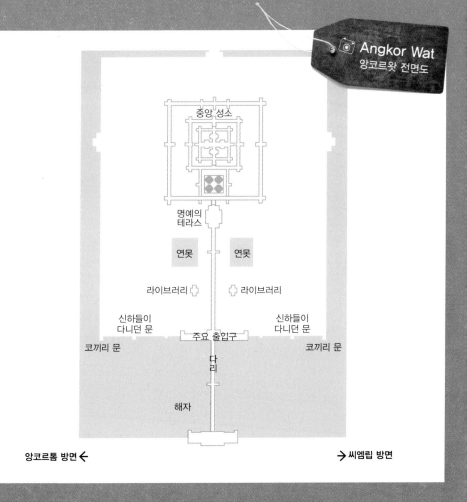

중앙 성소

명예의
테라스

연못　　연못

라이브러리 ✛　✛ 라이브러리

신하들이
다니던 문　　　　　신하들이
　　　　　　　　　다니던 문

코끼리 문　　　주요 출입구　　　코끼리 문

다
리

해자

앙코르톰 방면 ←　　　　　　　→ 씨엠립 방면

였던 조르주 세데스는 1층 왕의 행진에서 다음과 같은 산스크리트어를
발견했다. '브라 빠다 깜라딴 안 빠라마 비슈누로카(Vrah Pada Kamraten
An Paramavishnuloka 비슈누에게 가기 위해 신성한 발걸음을 하신 위대

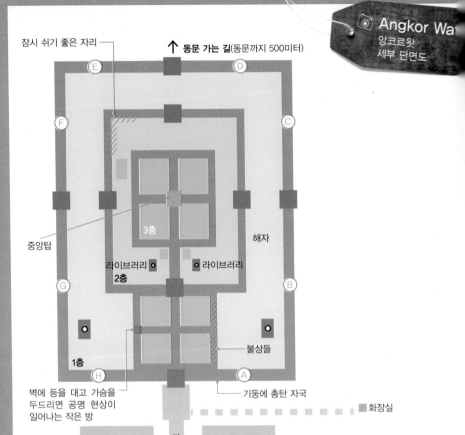

잠시 쉬기 좋은 자리

↑ 동문 가는 길(동문까지 500미터)

중앙탑

라이브러리

3층

2층 라이브러리

해자

1층

불상들

벽에 등을 대고 가슴을
두드리면 공명 현상이
일어나는 작은 방

기둥에 총탄 자국

화장실

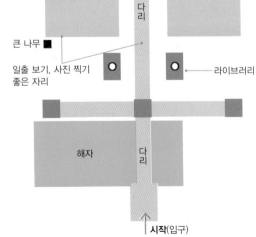

큰 나무 ■

일출 보기, 사진 찍기
좋은 자리

해자

다리

다리

라이브러리

시작(입구)

Angkor Wa
앙코르왓
세부 단면도

회랑 부조		
	방향	내용
A	서쪽남면	쿠루평원의 전투－〈마하바라타〉 신화
B	남쪽서면	왕의 행진
C	남쪽동면	천국과 지옥
D	동쪽남면	〈젖의 바다 젓기〉 신화
E	동쪽북면	아수라와 비슈누의 전쟁
F	북쪽동면	바나와 싸우는 크리슈나
G	북쪽서면	신과 아수라의 전쟁
H	서쪽북면	랑카의 전투－〈라마야나〉 신화

한 군주).' 빠라마 비슈누로카는 수리야바르만 2세가 사후에 받은 이름이다. 이를 계기로 앙코르왓이 수리야바르만 2세 때 지어졌다고 추정하게 되었다. 그리고 학자들이 조사한 결과 하루에 2만 명 이상이 최소 30년 이상 지은 것으로 추정하여 그 시기에 수리야바르만 2세가 아니라면 지을 수 있는 왕이 없다는 결론을 내기도 했다.

수리야바르만 2세는 북쪽 당렉 산맥을 넘어 태국 프놈 룽 지역 출신으로 다란인드라바르만 1세를 죽이고 스스로 왕이 되었다. 자야바르만 6세와 다란인드라바르만 1세의 아버지는 히란야바르만 (Hiranyavarman) 왕이었다. 히란야바르만의 손자인 끄시띤드라디따

(Ksitindraditya) 왕의 아들이 수리야바르만 2세다. 즉 수리야바르만 2세는 작은 할아버지를 죽이고 왕이 된 것이다. 그가 왕에 재임해 있던 시절의 국경은 서쪽으로는 미얀마 파간 왕국, 북쪽으로는 참파 왕국과 국경이 닿아 있었으며 남쪽으로는 말레이반도의 그라히 왕국에 이르렀으며 태국, 라오스를 점령했던 가장 위대했던 왕 중에 하나였다. 그리고 톰마논, 차우 세이 떼보다, 반테이 쌈레, 벵 밀리아, 프놈 치소, 프놈 산닥, 왓푸 등 수많은 사원을 지었다.

수리야바르만 2세가 언제까지 왕을 했는지 정확하게는 모른다. 왕궁의 피미엔 아까 사원 앞에서 발견된 비문을 보면 '1150년 참파를 정벌하러 군대를 이끌고 떠났다.' 라는 기록이 남아 있다. 그래서 그의 집권 시기를 1150년경으로 본다.

앙코르왓은 크게 3가지 용도로 사용되었다.

첫째, 왕궁으로 사용되었다. 당시 수리야바르만 1세가 지은 왕궁은 100년이 넘었고 야소다라푸라의 성벽이 높지 않았다. 암살로 왕위에 오른 수리야바르만 2세는 자신만을 보호해줄 왕궁이 필요했을 것이다. 그래서 앙코르 지역에 해자를 이용해 자신의 왕궁을 보호한 것으로 보인다. 실제 앙코르왓의 북쪽 지역에 약 2만 명이 살았던 주거지역이 발견되었다. 또한 캄보디아의 전설에 이곳이 왕궁이었다는 이야기가 전해져오고 있다.

둘째, 비슈누의 신전으로 사용되었다. 당시 많은 왕들은 시바를 숭배했는데, 수리야바르만 2세는 비슈누를 위한 신전을 만들었다.

셋째, 수리야바르만 2세의 영혼의 쉼터다. 힌두교에서는 신을 공

앙코르-신을 찾아 떠나는 즐거운 여행

ⓘ 중앙 출입구 오른쪽 고푸라에 있는 높이 4미터의 거대한 비슈누 석상
비슈누 신전에서 소승불교 사원으로 바뀌면서 중앙 성소에 있던 석상이 이곳으로 옮겨진 것으로 본다.

경하고 정성을 바치면 다음 생에 보다 나은 계급으로 태어날 것이라 믿었다. 그렇게 윤회를 거듭하다가 브라만 계급이 되어서 죽으면 더 이상 윤회하지 않고 영원히 신과 함께 산다는 것이다. 수리야바르만 2세도 죽으면 영원히 신의 곁에 살 것이라 믿었다. 그리고 신이 되어 천상에서 자신의 땅으로 내려와 후손들을 볼 때 편히 쉴 집을 지은 것이다.

수리야바르만 2세는 앙코르왓을 살아서는 왕궁이자 비슈누의 신전으로, 죽어서는 자신의 신전으로 사용했다.

앙코르왓은 동서로 1.5킬로미터, 남북으로 1.3킬로미터 크기의 해자가 있는 피라미드형 사원이다. 출입구가 서쪽에 있어 건축의 중심이

◉ 길이 250미터, 폭 15미터로 앙코르 유적 중 가장 큰 다리
1866년 루이 들라포르트(Louis Delaporte)의 그림에는 다리 형태를 유지하고 있지만 지금은 막혀 있
다. 1952년 폭우로 다리가 무너져 복원했지만 왼쪽은 계속 무너지고 있다. 돌 틈이 갈라져 걷기가 불편
할 정도다.

서에서 동으로 전개된다. 해자는 폭이 200미터, 총 길이가 5.6킬로미터
로 앙코르 유적 중에 가장 크다. 외벽은 라테라이트로 만들었으며 동서
1,025미터, 남북 802미터의 크기며 높이는 4.5미터다.

해자를 지나면 5개의 문이 나온다. 한가운데 문은 왕이 드나들었고
양쪽은 신하들이 출입했다. 양쪽 제일 끝에 있는 문은 코끼리 문이라고
불린다. 계단이 없는 것으로 보아 짐수레가 들락거리던 문으로 보인다.

문을 지나면 높이 1.5미터, 폭 9미터, 길이 350미터의 참배로가 나
온다. 참배로 중간을 지나면 양쪽으로 라이브러리가 있고 그 뒤에 연못이
있다. 참배로 끝 부분에 있는 명예의 테라스를 지나면 드디어 앙코르왓이
나온다.

앙코르–신을 찾아 떠나는 즐거운 여행 ▬▬▬

이곳에 얽힌 재미있는 전설이 있다. 아름다운 여신 5명이 지상으로 내려와 연못에서 목욕을 하고 있었다. 그중에는 신들의 왕인 인드라의 딸도 있었다. 그녀가 돌아가면서 아름다운 연꽃 한 송이를 꺾어서 가지고 가자 연못 주인이 화를 내었고 그 분노가 천계까지 이르게 되었다. 인드라는 그 분노를 달래기 위해 어쩔 수 없이 자신의 딸을 지상에 거주하는 연못 주인과 결혼시켰다. 얼마 후 그들 사이에 태어난 아들의 이름이 비슈누로카였다.

한편 지상에는 전생에 인드라의 아들이라고 전해지는 케트 메알레아가 살고 있었다. 인드라는 그 아들을 천계로 올

◉ 높이 1.5미터, 폭 9미터, 길이 350미터의 참배로.

◉ 프랑스 극동학원 원장이자 금석학자인 조르주 세데스가 외부에 있는 건물에 라이브러리라는 이름을 붙였다. 중요한 물건을 보관했으며 왼쪽에 무너진 것을 일본이 완전 해체 복원 방식으로 2005년에 복원했다.

라와 살도록 하였는데, 인간 냄새가 너무 많이 나서 항의를 받았다. 하는 수 없이 인드라는 아들을 천계에서 내려보냈다. 그는 아들에게 살고 싶은 땅을 고르라고 했다. 케트 메알레아는 콕틀록에 거대한 궁전을 지어달라고 했다. 인드라는 지상에 살고 있는 자신의 외손자인 비슈누로

◉ 앙코르왓이 연못에 비쳐 색다른 풍경을 만들어낸다. 멋진 일출을 볼 수 있는 곳으로 여행객들에게 인기가 높다.

카에게 가장 좋은 건물을 짓게 했다. 그래서 만든 것이 바로 앙코르왓이라고 전해 내려오고 있다.

3층으로 구성된 앙코르왓 중앙에 있는 탑은 메루 산을 상징한다. 앙코르왓 곳곳에는 압사라가 장식되어 있다. 압사라는 〈젖의 바다 젓기〉 신화에 등장하는 물에서 태어나 신을 위해 춤추는 무희다. 대부분의 사원에는 남자 수문장인 드바라팔라와 여자 수문장인 데바타가 있는데, 앙

앙코르-신을 찾아 떠나는 즐거운 여행 ■■■

◉ 같은 표정의 압사라는 단 한 개도 없다.

코르왓은 압사라가 지키고 있다. 무서운 이미지로 겁을 주며 사원을 지키는 게 아니라 아름다움을 뽐내며 사원을 지키고 있는 듯하다.

　앙코르 유적 보존 사무소 2대 소장 앙리 마샬의 딸인 삽포 마샬은 1927년 앙코르왓에 있는 1,860점의 압사라를 연구해본 결과 머리 모양이나 얼굴 표정이 모두 다른 것을 발견했다.

　1층 회랑의 부조는 동서남북 각 방향마다 두 가지 주제로 총 8개가 조각되어 있다. 〈라마야나〉, 〈마하바라타〉, 〈왕의 행진〉, 〈천국과 지옥〉 등 힌두교의 대서사시와 왕의 즉위 장면 등을 조각해 놓았다. 모두 장대한 파노라마 형식이며 감상할 때 기억해야 할 점은 오른쪽으로 돌면서 보아야 한다.

서북쪽 회랑

앙코르왓의 서쪽 북면 회랑은 인도 신화인 〈라마야나〉와 〈마하바라타〉의 이야기가 새겨져 있다. 수리야바르만 2세는 자신을 신화 속의 인물과 동일시하여 신적 존재로 보이게 하려는 의도가 있었다.

◉ 뱀의 왕 아난타 위에 누워서 쉬고 있는 비슈누와 락슈미
비슈누의 배꼽에서 연꽃이 피고 압사라들이 비슈누를 위해 춤을 춘다. 신들이 비슈누를 찾아가 악의 왕 라바나의 만행을 응징해달라고 부탁하고 있다.

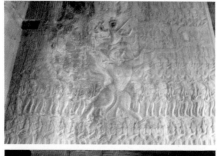

◉ 악마를 물리치고 메루 산을 되찾은 크리슈나
사자의 가슴과 발톱, 독수리의 날개와 부리를 하고 있는 가루다를 타고 있다.

◉ 자신의 정절을 증명하는 시타
시타는 라마와 수많은 사람들 앞에서 장작을 쌓고 그 위에 올라간다. 불이 붙자 불의 신 아그니를 통해 비를 내려 불을 끄고 있다.

앙코르─신을 찾아 떠나는 즐거운 여행

랑카의 전투

　서쪽 북면에 51.25미터 길이에 새겨진 〈라마야나〉의 클라이맥스 부분이다.

　라마는 원숭이 나라의 왕인 수그리바에게 원숭이 군대를 빌렸다. 라마의 아내 시타가 납치당해 감금되어 있는 랑카로 가서 라바나의 군대와 전투를 벌이는 장면으로 가장 생동감이 넘치고 뛰어난 조각 솜씨를 보여준다. 주인공뿐만 아니라 원숭이들의 익살스러운 모습이 또 다른 즐거움을 준다.

01 하누만을 타고 세 발의 화살을 쏘는 라마
　라마 뒤에는 동생 락슈마와 랑카의 왕이 되는 라바나의 동생 비비샤나가 있다.
02 하늘을 나는 마차인 푸슈파카를 타고 있는 라바나
　푸슈파카는 마차를 끄는 말이 없어도 하늘을 날아다닌다.
03 라바나의 군사
　화살에 맞아 죽어가고 있는 군사들을 원근법을 잘 살려 표현했다.

◉ 라바나의 군사용 코끼리가 라마의 군사용 원숭이를 잡으려고 하자 원숭이를 빼내려는 동료들의 재미있는 표정을 볼 수 있다.

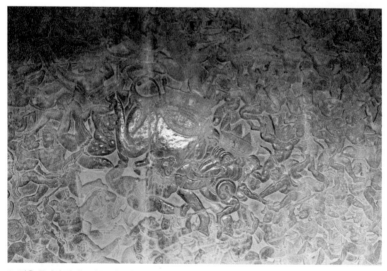

◉ 말을 들어서 던지는 아주 역동적인 장면이다.

쿠루평원의 전투

서쪽 남쪽 면에 48.35미터 길이에 새겨진 조각은 인도의 대서사시 〈마하바라타〉의 명장면으로 쿠루평원에서 사촌인 판다바의 5형제와 카우라바의 100형제가 18일간의 전투를 벌이는 모습이다.

수리야바르만 2세가 숙부를 죽이고 스스로 왕위에 오른 것과 같이 판다바 형제들이 치열한 전투를 통해 왕위에 오른 것을 조각하여 자신의 왕위 계승의 정당성을 강조하고 있다.

◉ 화살을 맞은 비슈마
전투가 일어난 지 10일째 되는 날 카우라바 형제의 총 사령관인 큰할아버지 비슈마가 아리주나의 화살을 맞아서 죽어가고 있다. 판다바의 형제(오른쪽)와 카우라바 형제(왼쪽)들이 슬프게 울고 있다.

◉ 비슈마의 유언을 듣고 있는 판다바의 5형제
비슈마는 죽기 전 전투를 멈추라고 유언을 남긴다. 비슈마의 유언은 천년간 이어진다. 아무리 법을 위한 전쟁이라도 친족을 죽이면 큰 죄가 온다. 그래서 비슈마가 죽는 순간부터 이 세상은 파괴의 시대인 칼리 유가가 왔다고 한다.

◉ 땅에 내려온 유디스트라 전차
두르나라는 카우라바 형제와 판다바 형제의 무술 스승이다. 두르나라는 비슈마가 죽고 난 후 카우라바 형제의 사령관을 맡게 된다. 이때부터 판다바 형제가 전투에서 이기는 게 힘들어지자 형제 중 유디스트라가 거짓말을 해서 두르나라의 목을 자른다. 그후 유디스트라의 전차는 땅에 내려오게 된다.

◉ 전투에 참여하는 사촌 크리슈나
비슈누의 화신인 크리슈나는 판다바, 카우라바 형제들의 이종사촌이다. 크리슈나는 자신에게 먼저 찾아온 판다바 형제 중 아르주나의 전차를 이끄는 마부가 되어 전투에 참여한다.

번영을 상징한 시바

서남쪽 모서리 부분에는 시바에 대한 이야기가 새겨져 있다. 서북쪽 모서리에 새겨진 비슈누와 같이 힌두교에서 가장 사랑받는 신이다. 시바는 다산과 풍요로움, 조상숭배 등을 상징하는데, 수리야바르만 2세가 시바처럼 번영의 왕이라는 것을 표현한 것이다.

인드라의 분노와 그로 인한 대홍수에도 불구하고 크리슈나와 그의 부족들은 고바르다나(Govardhana) 산의 동굴에서 비를 피하여 어떠한 피해도 입지 않았다. 한 손으로 고바르다나 산을 들고 있는 크리슈나가 절대자인 비슈누를 뜻하며 수리야바르만 2세도 자신을 따르는 백성들의 영원한 보호자임을 보여주고 있다.

◉ 고바르다나 산을 들고 있는 크리슈나. 고바르다나 산은 메루 산의 또 다른 이름이다.

◎ 드바라바티의 수상축제

건기의 시작인 11월 중순에 왕이 참석한 가운데 물이 제일 많은 똘레삽에서 개최하는 수상축제 장면이다. 무희와 줄타는 곡예사, 장기, 닭싸움 등 당시의 생활 모습을 알 수 있다.

◎ 산 정상에서 신들의 경배를 받는 시바

수리야바르만 2세가 신하들에게 충성의 맹세를 받는 것으로 지신을 시바와 동일시하게 표현했다.

◎ 발리와 수그리바의 전투

아수라의 왕인 라바나는 라마의 아내인 시타를 납치해 갔다. 시타를 찾아 헤매던 라마는 숲에서 수그리바를 만나 그와 친구가 된다. 수그리바는 원숭이나라의 왕이자 자신의 형인 발리를 찾아가서 결투를 한다. 수그리바가 불리해지자 라마는 신에게 받은 화살을 발리에게 쏜다.

화살에 맞은 발리는 아내인 타라의 품에서 죽어간다. 자신이 동생의 아내를 차지하고 동생의 아이들을 옥에 가둔 것을 후회하며 자신의 아들인 앙카라에게 라마를 용서하라고 유언을 한다.

앙코르-신을 찾아 떠나는 즐거운 여행 ▪▪▪

◉ 시바에게 사랑의 활을 쏘는 까마

화살을 맞은 시바는 파르바티와 사랑에 빠지고, 죽은 까마를 영원한 존재로 만들어준다. 반테이 쓰라이에는 까마의 아내가 옆에 서 있는데, 앙코르왓에는 죽어가는 까마가 누워 있고 아내가 그를 안고 있다.

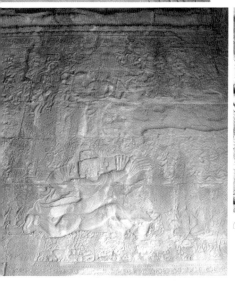

◉ 젖의 바다 젓기

오른쪽에는 10명의 신이, 왼쪽에는 10명의 아수라가 뱀들의 왕 바수키(Vasuki)를 잡아당기면서 젖의 바다를 젓고 있다. 거북이 쿠루마가 왕관을 쓰지 않고 압사라도 없는 것으로 봐서 암리타(Amrita 생명수)를 만드는 과정으로 해석한다.

◉ 카일라스 산을 흔드는 라바나

아수라의 왕인 라바나는 시바를 만나러 카일라스 산을 찾아간다. 시바가 명상에 빠져서 만나주지 않자 화가 난 라바나는 카일라스 산을 들어서 흔들어버린다. 이에 시바는 그를 발끝으로 눌러서 꼼짝 못하게 한다. 하늘 위에 하늘이 있다는 것을 알게 된 라바나는 시바를 찬양하는 노래를 천년간 부르고 겨우 풀려나게 되었다는 시바의 위대함을 찬양하는 조각이다. 머리가 10개, 팔이 20개인 라바나의 모습이 독특하다.

왕의 행진

남쪽 회랑의 서면 조각은 98미터로 크게 세 가지로 구별된다. 입구 하단부에 11명의 궁정 여인들, 시바파다(Sibapada) 산에서 왕이 대신들에게 충성 서약을 받는 장면 그리고 마지막으로 왕의 행진이다. 수리야바르만 2세의 행진은 두 가지로 해석된다. 충성 서약을 받고 즉위식에서 행진을 하는 장면이거나 참파와의 전쟁을 위해 출정하는 모습으로 본다.

◉ 귀부인이 가마를 타고 궁녀들이 그 뒤를 따르고 있다.

◉ 존경의 뜻으로 가슴에 손을 얹고 왕에게 충성을 맹세
수리야바르만 2세는 왕이 된 지 6년 뒤인 1119년 대관식을 하고 지방 호족의 왕들에게 충성을 맹세받는다.

◉ 시바파다 산에서 내려와 행진하는 수리야바르만 2세
수리야바르만 2세가 충성을 맹세받을 때는 14개의 양산을 들고 다녔지만 산에서 내려와서는 15개의 양산을 들고 다녔다. 신의 표식인 고깔을 코끼리도 쓰고 있으며 수리야바르만 2세 앞에는 가루다와 비슈누의 깃발이 있어 그가 마치 비슈누의 화신처럼 보인다. 세월이 지날수록 그의 권력이 높아진 것으로 추정된다.
그의 사후 이름인 쁘라 빠다 깜라탄 안 빠라마 비슈누로카가 산스트리트어로 새겨진 것으로 볼 때 그가 죽은 다음에도 조각이 어느 정도 진행되었을 것이다.

앙코르-신을 찾아 떠나는 즐거운 여행 ■

수리야바르만 2세의 충성 맹세문은 전해지지 않지만, 수리야바르만 1세의 충성 맹세문은 다음과 같다.

"우리는 다른 왕을 섬기지 않는다. 우리는 왕의 적이 되지 않으며 어떤 방법으로도 해를 끼치지 않는다. 우리는 국왕 폐하께 헌신한다. 전쟁이 일어나면 국왕을 위해 모든 힘을 다해 싸우며 영혼까지 바친다. 우리는 전쟁에서 후퇴하지 않는다. 전쟁에서 패하면 자살하거나 군주를 위해 희생한 백성에게 보상한다. 죽음과 같은 상황에도 국왕께 모든 의무를 다한다. 위대한 국왕께서 우리에게 명령하여 먼 곳의 정보를 가져오라고 하면 끝까지 알아내고 비밀을 유지한다. 국왕과 관련한 약속을 지키지 못하면 어떠한 형벌도 감수한다. 약속을 지키지 못하고 도망가면 32개의 지옥에서 다시 태어날 것이다."

_조르주 세데스

이곳은 여러 가지 무기와 복장, 운송 수단이 등장하여 당시 군대의 모습을 엿볼 수 있다. 왕의 이름은 물론이며 이들이 관할하고 있는 지역까지 명시하여 당시의 영토와 군대의 규모를 알 수 있다.

📷 제일 앞에 행진하고 있는 태국의 병사들
앞에서 행진하는 사람들은 시암쿡, 즉 태국 병사다. 옷차림도 특이하고 행진하는 병사들의 흐트러진 모습도 보인다. 이들이 3백 년 후에는 캄푸차 데사 왕조를 무너뜨리지만 지금은 용병에 불과하다. 그래서인지 산스크리트어로 지도자의 이름을 새긴 곳이 파손되었다.

천국과 지옥

왕의 행진을 지나면 천국과 지옥이 3단계로 나눠져 조각되어 있다. 심판을 받기 전과 심판을 받는 과정, 심판을 받고 난 이후의 과정이다. 그리고 심판을 받기 전도 상·중·하로 나눠져 있다. 상단은 처음부터 천국으로 가는 브라만, 중단은 심판을 받으러 가는 크샤트리아, 하단은 처음부터 지옥으로 갈 사람들이다.

18개의 팔을 가지고 있고 물소를 타고 다니는 야마(Yama)는 사람들을 천국으로 보낼지 지옥으로 보낼지 심판한다. 그래서 그를 다르마라자(Dharmaraja)라고 부르기도 한다. 천국은 비슈누의 화신인 사자와 가루다가 받들고 있다. 천국은 37개로 만들어져 있고 19명의 남자와 18명의 여자들이 행복하게 지낸다. 그 모습은 12세기 왕궁의 모습을 묘사한 것으로 보인다. 지옥은 32개로 나눠지는데 생전에 지은 죄에 따라 받는 죄도 달라진다. 지옥에

◉ **심판을 받기 전의 사람들**
상단 사람들은 평화롭게 걸어가고 있고, 중단 사람들은 수행자를 만나 축복을 빌거나 가족 간의 헤어짐을 슬퍼한다. 하단은 비참하게 끌려가는 사람들이다.

◉ **죽음을 관장하는 신 야마**
야마의 제자들이 죽은 사람을 야마 앞에 데리고 온다. 불교에서는 야마를 염라대왕이라고 부르기도 한다.

앙코르-신을 찾아 떠나는 즐거운 여행

있는 사람들 중 70퍼센트가 여자인데, 모계 중심 사회였기 때문에 주도권이 대부분 여자에게 있었다. 또한 당시에는 거짓말을 제일 나쁜 것으로 여겼기 때문에 입과 관련된 형벌이 절반을 넘었다.

◉ 천국과 지옥으로 가는 사람들
판결을 마치면 야마의 제자인 치트라굽다(Chitragupta)가 영혼을 불러 천국이나 지옥으로 보낸다. 천국으로 갈 사람들은 비슈누의 가루다를 타고 천국으로 가서 편안한 영원을 누린다. 지옥으로 갈 사람들은 야마의 제자들이 지옥으로 던진다.

◉ 사람을 기름에 끓여서 밀어 넣는다.

◉ 사람을 쇠에 꿰서 형벌을 준다.

◉ 사람을 절구에 넣고 찧는다.

◉ 사람의 혀를 뽑는다.

◉ 사람의 온몸에 못을 박는다.

◉ 32가지의 지옥이 끝나고 사람
을 태워서 다음 생으로 보내고
있다.

앙코르−신을 찾아 떠나는 즐거운 여행 ▬▬

젖의 바다 젓기

해가 뜨는 동쪽은 생명, 창조, 희망의 방향이다. 그래서 앙코르왓의 동쪽 면도 세상을 창조한 〈젖의 바다 젓기〉 창조 신화가 49미터 길이로 조각되어 있다.

〈젖의 바다 젓기〉 신화는 비슈누파의 세상 창조신화다. 이 신화를 통해 수리야바르만 2세가 새로운 세상을 만든다는 의미를 가지고 있다.

세상이 창조됐을 때 신은 절대적인 존재가 아닌 인간과 마찬가지로 유한한 생명체였다. 아버지가 같고 어머니가 다른 이복형제인 수라와 아수라는 선악의 갈림길에서 항상 다투었다.

이런 혼돈의 시기에는 신들도 오랜 수련을 한 현자를 존중했다. 시바를 신봉하던 현자 두르바사스(Durvasas)는 들판의 아름다운 꽃으로 화환을 만들어 신에게 바쳤다. 그것을 받은 신들의 왕인 인드라는 실수로 화환을 떨어트렸는데, 인드라가 타고 있던 코끼리가 그것을 짓밟아 버렸다. 두르바사스는 화가 나 신들에게 저주를 내렸다.

이 저주로 선신들의 힘이 점점 약해져 시바에게 해결 방법을 물었으나 거절당했다. 이들은 브라마를 찾아갔지만 브라마도 방법이 없으니 비슈누를 찾아가라고 했다. 선신들이 비슈누를 찾아 물어보자 "모두 힘을 합쳐 생명의 바다인 젖의 바다를 저어라. 젖의 바다에 갖가지 약초를 넣고 휘저으면 암리타라는 영생불사의 명약이 나오니 이것을 마시면 된다. 그러면 영원한 생명을 가지니 영원히 패하지 않을 것이다." 라고 알려주었다.

비슈누는 메루 산의 동쪽에 있는 산들의 왕인 만다라 산을 뽑아 회전축을 삼으려고 했다. 그런데 힘이 부족하여 아수라들에게 같이 산을 뽑아 옮기고 암리타를 나누어 먹자는 동맹을 맺었다. 아수라와 함께 옮긴 만다라 산을 젖의 바다에 놓자 산이 무거워 점점 가라앉았다. 비슈누는 두 번째 화신인 거북이의 왕 쿠르마(Kurma)로 변신하여 산을 떠받들고, 뱀들의 왕인 바수키로 산을 묶었다. 앞쪽은 92명의 아수라가, 뒤쪽은 88명의 수라가 잡아 밀고 당기면서 천년을 휘저었다.

01 바수키의 머리를 잡고 있는 악마의 왕 발리.
02 가운데에서 비슈누가 조율을 하고 아래쪽에는 거북이의 왕 쿠르마가 있다.
03 어둠의 왕 라후는 암리타를 먹고 싶은 마음에 선신들의 자리에 서서 바수키를 당기고 있다.

앙코르-신을 찾아 떠나는 즐거운 여행

그러는 동안 물고기나 수초들이 죽으면서 약초들과 혼합되어 새로운 것들이 생겼다. 맨 처음 나온 것은 세상의 온갖 더러운 것이 섞인 독액이었다. 처음 나온 독을 보고 모두 겁을 내자 시바가 독약을 마셔 목에 저장했다. 시바의 목이 푸른색인 것도 이 때문이다.

젖의 바다를 저으며 생긴 거품에서 6억 명이나 되는 압사라가 나와서 춤을 추고, 생명의 어머니인 암소, 술의 여신 바루니, 밤하늘의 달, 행운의 여신 락슈미, 빛보다 빠른 백마, 머리가 셋 달린 코끼리 등 세상의 모든 것이 나왔다. 제일 마지막에는 신들의 의사인 단완타리가 암리타가 담긴 주전자를 들고 나왔다. 뒤늦게 속은 것을 알게 된 아수라들이 암리타를 차지하자 비슈누가 절세의 미인 모히니로 변신하여 유혹했다. 아무도 암리타를 마시지 않자 모히니가 암리타를 가져와 수라들이 나눠 마시게 했다.

이때 아수라인 라후가 암리타를 마시려고 하자 해의 신 수리야와 달의 신 소마가 비슈누에게 이 사실을 알렸다. 비슈누는 원반을 날려 라후의 목을 베어버렸다. 하지만 이미 한 모금을 마신 라후는 몸은 죽었지만 머리는 영생을 누려 해와 달의 신에게 복수를 하기 위해 따라다녔다. 이때부터 도망을 다니던 태양신이 몸을 숨기면 일식이 일어나고, 달의 신이 몸을 숨기면 월식이 일어난다고 했다.

영생의 암리타를 마신 신들은 더 이상 아수라의 위협을 받지 않고 영생의 몸이 되어 이 세상은 선신들이 다스리게 되었다.

아수라와 비슈누의 전쟁

　동쪽 회랑 북면에 조각된 아수라와 비슈누의 전투 장면은 〈마하바라타〉의 부록인 '하리밤사'의 내용을 조각한 것이다. 기법이 거칠고 입체감이 부족한 이 조각은 당시 로벡의 왕인 앙찬 1세가 16년 동안 2차 조각을 한 것이다. 400년이 흐른 후 조각을 했지만 전체적인 구성도, 조각의 섬세함, 예술적인 표현 등이 현저하게 떨어진다.

◎ 코끼리를 타고 진격하는 아수라.

◎ 가루다를 탄 비슈누.

바나와 싸우는 크리슈나

북쪽 회랑 동면의 조각도 앙찬 1세가 한 2차 조각이다. 발리의 아들인 바나와 크리슈나가 싸우는 장면으로 아름다운 사랑 이야기가 배경이다. 바나의 딸 우사와 크리슈나의 손자 아니루 다는 서로 사랑을 했다. 이것을 알게 된 바나는 아니루다를 옥에 가두었다. 화가 난 크리슈나는 발리와 전쟁을 일으켰고 바나의 팔 1천 개 중에 2개만 남기고 모두 잘라버렸다. 목숨이 끊어지려는 순간 시바가 나타나 크리슈나에게 바나의 목숨만은 살려달라고 부탁했다. 크리슈나는 바나를 지옥에 보내는 것으로 목숨을 살려주었다.

01 발리가 자신의 성에 불을 질러 크리슈나의 침입을 저지하자 가루다가 갠지스 강의 물을 뿌려서 성의 불을 끄고 있다.
02 격렬하게 저항하는 발리.
03 발리의 목숨을 살려달라고 부탁하는 시바를 중국 장인의 도움을 받아 부처처럼 조각했다.

신과 아수라의 전쟁

북쪽 서면에는 21명의 신과 아수라의 전쟁 장면을 94미터 길이로 조각해 놓았다. 악으로 상징되는 혼돈, 고통, 파괴에 맞서서 정의와 질서, 조화, 도덕 등 선이 이긴다는 이야기가 표현되어 있다. 비슈누는 중앙에서 전체 전투를 지휘하고 있고, 이에 맞서는 아수라는 머리가 7개 달린 칼라네미다.

힌두교의 모든 신들은 자신들만의 이동 수단이 있다. 이동 수단에는 신의 특성을 표현해 놓았기 때문에 어떤 신인지 알 수 있다. 이렇게 신과 신의 이동 수단을 동일시하는 현상을 미투나라고 한다.

01 머리가 셋 달린 아이라바타를 탄 인드라.
02 아수라를 탄 부의 신 쿠베라.
03 공작을 탄 스칸다.

앙코르-신을 찾아 떠나는 즐거운 여행

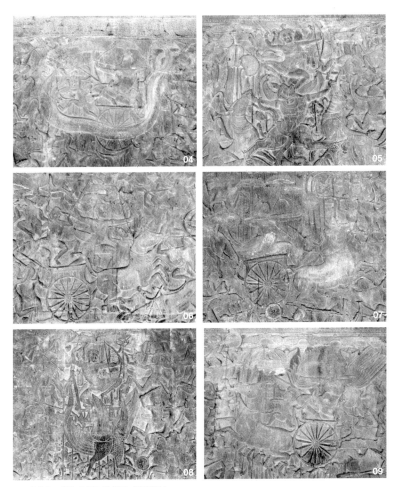

04 머리가 5개인 나가를 탄 물의 신 바루나.
05 가루다를 탄 비슈누.
06 태양의 신 수리야.
07 난디를 탄 시바.
08 함사를 타고 손에 마법의 활을 들고 있는 브라마.
09 머리가 7개 달린 칼라네미는 시간의 수레바퀴라는 뜻을 가지고 있다.

2층

십자 회랑과 라이브러리 그리고 회랑으로 구성되어 있다. 십자 회랑은 서면에 2층으로 올라가는 중앙에 있다. 십자 회랑은 신의 세계로 들어가는 입구를 상징한다. 중앙에는 4개의 연못이 있는데, 성스러운 메루 산에서 내려오는 사대양(四大洋)을 상징한다. 즉 이곳을 지나면 신의 세계로 들어간다는 것을 의미한다. 당시에 일반 사람들은 여기까지만 들어갈 수 있었고, 왕이나 사제들은 이곳에서 몸을 씻고 3층의 성소로 들어갔다고 한다.

2층 회랑은 달과 별을 표현했다. 길이는 100×115미터로 밖으로는 창문이 없고 안쪽으로만 창문이 있다. 창문의 개수는 달이 뜨고 지는 것을 상징한다.

◉ 당시 사람들은 발에서 병이 생긴다고 믿었기 때문에 연못에서 몸을 깨끗이 씻었다.

앙코르-신을 찾아 떠나는 즐거운 여행 ∎∎∎

천불 회랑에는 수십 개의 불상이 있는데 대부분 머리가 없다. 17세기 이후에 소승불교 사원으로 바뀌면 서 가지고 온 것으로 보인다.

앙코르–신을 찾아 떠나는 즐거운 여행

3층

중앙 성소가 있는 3층은 5개의 탑으로 구성되어 있으며 탑의 높이는 60미터다. 70도로 경사진 중앙 성소는 당시 왕과 최고의 사제들만 출입이 가능할 만큼 성스러운 공간이다. 동서남북으로 3개씩 총 12개의 계단이 있지만 경사가 심해서 여행자들은 동쪽에 있는 나무사다리를 이용해서 들어갈 수 있다.

중앙 성소에도 4개의 연못이 있다. 메루 산을 상징하는 중앙 성소의 연못은 메루 산을 둘러싸고 있는 호수인 아나바타프타를 상징한다. 그리고 중앙에는 부처가 있는데, 옛날에는 비슈누 신상이 있었을 것으로 추정된다. 중앙 성소 밑에는 길이 22미터의 우물이 발견되었는데 1935년 물이 가득했던 이곳에서 흰색 사파이어 2개와 금박 2장이 나왔다. 하지만 우물의 용도는 정확히 알 수가 없다.

중앙 성소에 올라가면 사방이 탁 트인 멋진 풍경을 감상할 수 있다. 아침 8시부터 저녁 5시까지만 여행자들에게 개방된다.

자야바르만 7세를 만나다

1177년 참파의 침략으로 캄푸차 데사의 중심 도시인 야소다라푸라가 불타고 있을 때 자야바르만 7세는 주변의 호족들을 모아서 참파를 물리치고 1181년에 스스로 왕이 되었다. 그는 백성들에게 새로운 지배 이념이 필요하고 자신의 왕위 계승에 정당성을 갖기 위해 국교를 불교로 바꾸었다. 또한 왕위 계승의 전통성이 없는 지방 호족 출신으로 왕권을 강화시키기 위해 수많은 신전을 지었다. 자신의 부모님을 기리는 따 쁘롬, 쁘레아 칸, 관세음보살의 음덕이 느껴지는 네악 뽀안을 통해 자야바르만 7세의 유적을 감상해보자.

🏯 나무에 덮힌 나무 사원,

따 쁘롬 Ta Prohm _축성시기 1186년

자야바르만 7세가 왕이 되고 나서 국교를 힌두교에서 불교로 바꾸게 된 배경은 크게 두 가지로 볼 수 있다. 첫째는 백성들에게 새로운 지배 이념이 필요했다. 백성들은 야소다라푸라가 시바와 비슈누의 축복받은 땅이라 어느 누구도 침략할 수 없을 것이라고 믿었다. 그런데 참파가 이곳을 침략하자 백성들은 혼돈에 빠졌다. 새로운 지배 이념의 필요성을 느낀 왕은 국교를 관세음보살이 세상을 보살피는 불교로 바꾸었다. 또 다른 이유는 왕위 계승권 때문이었다. 자야바르만 7세는 지방 호족 출신으로 스스로 왕이 되었다. 기존의 왕위 계승권을 이어오던 왕족들은 끊임없이 자신들의 권력을 되찾으려고 했을 것이다. 그래서 자야바르만 7세는 계급을 없애고 누구나 평등한 불교로 바꾼 것으로 추정된다.

따 쁘롬 사원의 이름은 프랑스 학자인 에티앙 아이모니에(Étienne Aymonier)가 발견한 석상에서 유래되었다. 1885년 그는 석상 3점을 발견했는데, 그중 한 석상의 머리가 5개 있었다. 바로 브라마의 석상이었다. 현지인들이 그 석상을 따 쁘롬이라고 불렀고, 사원의 이름이 되었다. 따 쁘롬은 캄보디아 말로 브라마를 찬양한다는 뜻을 가지고 있다.

기록에는 따 쁘롬 사원에 압사라 615명과 관리 2,202명, 고위 승려 18명, 수도승 2,740명이 있었고, 사원을 관리하려고 배당한 인력이 66,265명이며, 노예를 포함하여 79,365명이 거주했다고 쓰였다. 또 금

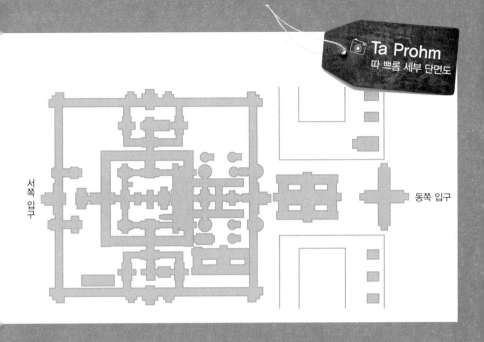

서쪽 입구

동쪽 입구

그릇 500킬로그램, 다이아몬드 35개, 진주 40,620개, 보석 4,540개, 구리 잔, 주석, 납, 비단 침대 512개, 중국산 장막 876개, 차양막 523개, 영혼을 기쁘게 하는 악기, 밤에 제를 지내는 밀랍 횃불 165,744개 등이 시주되었다는 기록이 있다. 이런 큰 사원은 세금 납부가 면제되고 왕실의 다양한 지원을 받았다.

관세음보살이 백성을 보살피듯 자야바르만 7세가 전국에 병원을 102개 지었고 따 쁘롬 사원이 병원들을 관리한 것도 기록되어 있다. 이 병원들을 운영하려고 838개 마을 출신인 남녀 81,640명을 지정하여 병원에 쌀과 과일, 의복, 꿀 등을 공급하게 했다.

사면상이 있는 외부 성벽은 1,000×650미터 크기로 면적이 65헥타르인데, 한가운데 위치한 실제 사원은 112×108미터 크기로 면적이 1헥타르 정도다. 지금은 따 쁘롬 사원이 정글처럼 되었지만 예전에는 사람들이 살던 위성 도시였다.

◉ 따 쁘롬은 다른 사원보다 훼손이 심하다.

자야바르만 7세는 왜 어머니를 기리는 따 쁘롬 사원을 가장 먼저 지었을까? 모계 사회이거나 어머니가 애타게 그리워서였을까? 그 비밀은 1939년 이곳에서 자야바르만 7세의 아들인 수리야꾸마라(Suryakumara) 왕자가 쓴 비문이 발견되면서 풀리기 시작했다. 비문을 보면 이 사원의 이름은 라자비히어라고 기록되어 있다. 라자는 왕, 비히어는 사원이라는 뜻으로 즉 왕의 사원이다. 그다음 줄에는 자야바르만 7세의 아버지는 '마헨드라푸라(Mahidharapura)에 사는 사람이다.'라고 한 줄로 표현했다. 하지만 어머니는 하르샤바르만의 딸이며 그의 어

앙코르-신을 찾아 떠나는 즐거운 여행 ▪▪▪

머니와 어머니의 어머니가 누구라는 등 모계 기록은 신화적인 조상까지 거론해 놓았다. 자야바르만 7세는 지방 호족 출신이라는 약점을 왕족 혈통인 어머니를 부각하여 극복하고, 어머니가 오랜 역사를 지닌 왕실 혈통이니 자신도 왕족이라고 말하고 싶었던 것이다.

1908년에 압사라 유적 보존 사무소가 생기며 유적 연구가 본격적으로 시작되었다. 학자들이 유적을 훼손하는 나무를 잘라내고 이끼를 제거하자 밀림에 있던 유적이 하나둘 모습을 드러냈다. 일부 사원은 나무를 제거하지 않고 발견 당시 모습으로 두기로 했는데, 대표적인 사원이 따 쁘롬이다. 따 쁘롬에는 사원을 훼손하는 나무가 그대로 살아 있다. 이곳의 나무는 마치 천년된 뱀이 꿈틀거리는 것 같기도 하고, 나무가 나무를 잡아먹는 듯한 모습까지 다양한 나무의 형태를 볼 수 있다.

이곳에서 촬영한 영화 〈툼 레이더〉가 세계적으로 큰 성공을 거두며 따 쁘롬 사원이 다시 한 번 유명해졌다.

자세히 보면 사원 안에 있는 나무는 나뭇잎이 거의 없거나 잎이 햇잎처럼 보이는데, 학자들은 따 쁘롬 사원은 복원하지 않기로 하고 나무를 그냥 두었다. 그런데 나무를 그냥 두면 뿌리가 굵어져 사원이 무너질 위험이 있다. 또 나무를 죽이면 뿌리가 썩어 사원이 무너질 위험이 있다. 따라서 나무에 성장 억제제를 주사하여 인위적으로 크지 못하게 했다. 이렇게 백 년 동안 관리하다가 더는 버틸 수 없어 복원을 시작했다.

📷 고푸라가 많이 훼손되어 있는 동문.

따 쁘롬의 서문은 앙코르 톰의 승리의 문과 연결되어 있고, 사면상이 잘 보존되어 있어 많은 여행자들이 서문으로 들어간다. 하지만 스라 스랑, 반테이 끄데이와 연결되어 있는 동문이 정문이다. 당시 왕은 신처럼 여겨졌기 때문에 동문으로 들어갔고, 모든 조각이나 구조역시 동쪽으로 설계되어 있다.

📷 사면상을 볼 수 있는 서문.

앙코르-신을 찾아 떠나는 즐거운 여행

동문에서 중앙 성소 쪽으로 가다 보면 에코룸이 나온다. 이곳에 들어가 벽에 기대고 가슴을 치면 웅, 하고 울리는 공명 현상이 일어난다. 당시 국교는 불교였지만 사람들은 모든 사물에 신이 있다는 정령신앙을 믿었다. 따 쁘롬 역시 '260명의 신을 모셨고 39개의 탑이 있었다.'라는 기록을 통해 이곳 역시 신상을 모셨던 곳으로 추정된다. 이곳뿐만 아니라 바로 건너편에 있는 탑에서도 공명 현상이 일어나고, 쁘레아 칸, 반테이 끄데이, 쁘레 룹, 앙코르왓, 쁘레아 비히어에도 있다.

중앙 성소는 자야바르만 7세의 어머니인 라자추다마니를 보석

◉ 벽에 기대 가슴을 치면 공명 현상이 일어나는 에코룸.

으로 화려하게 치장을 해서 안치했다고 기록되어 있다. 어떻게 치장을 했는지 자세한 기록은 없어 정확하게 알 수는 없다. 하지만 이것과 비슷하게 만든 쁘레아 칸의 중앙 성소를 치장하기 위해 1,500톤의 청동을 사용했다는 비문이 발견된 것으로 보아 이곳 중앙 성소도 금, 은, 동 중 하나로 화려하게 치장을 했을 것이다.

벽에 있는 구멍은 금, 은, 동을 바르기 위해 버팀쇠 등을 넣었을 것으로 추정한다. 그리고 전체의 벽면을 거칠게 하여 금, 은, 동이 잘 붙게 했을 것이다. 기둥은 구멍을 내면 안전에 문제가 생길 수 있으니 구멍을 내지 않고 대신 흠집을 굵게 내어 금, 은, 동이 잘 붙게 했을 것으로 본다. 크리스마스 트리 모양의 틈은 햇볕이 잘 들어오게 하는 채광창으로 보인다.

◉ 사원 동쪽 입구.

◉ 중앙 성소의 거친 벽면과 채광창으로 추정되는 구멍.

앙코르-신을 찾아 떠나는 즐거운 여행

◉ 쉽게 발견되지 않는 압사라 조각.

 따 쁘롬만의 신비한 유적 중 하나는 압사라 조각상이 나무뿌리에 감겨 보일락 말락 숨겨져 있는 것이다. 자연과 유적이 만들어낸 이 선물은 크기도 작아 마치 보물찾기를 하는 심정으로 찾아야 한다. 에코룸을 지나 중앙 성소로 향하는 길에 나오는 회랑을 주의해서 걸어보자.

 햇살이 좋은 이른 아침이나 사람들이 모두 나간 늦은 오후에 따 쁘롬을 방문하면 좋다. 나무를 보며 무너져 내린 사원과 하나가 되는 기분을 느낄 수 있다.

자야바르만 7세의 아버지를 만나다,

쁘레아 칸 Preah Khan _축성시기 1191년

앙코르톰의 북문으로 나가면 쁘레아 칸의 서문, 북문, 동문의 순서
로 가는 길이 있다. 쁘레아 칸의 정문은 동문으로 자야타타카, 즉 북 바
라이의 서면과 닿아 있다.

쁘레아 칸은 신성한 칼이라는 뜻이다. 캄푸차 데사를 열 때 자야
바르만 2세가 신을 대신하여 백성을 다스리라고 신에게 신성한 칼을 받
았다고 한다. 신성한 칼은 왕권을 상징한다. 1939년에 발견된 비문에

◎ 쁘레아 칸의 동쪽에 있는 자야타타카. 마치 한 폭의 수채화를 보는 듯하다.

앙코르-신을 찾아 떠나는 즐거운 여행 ■■■■

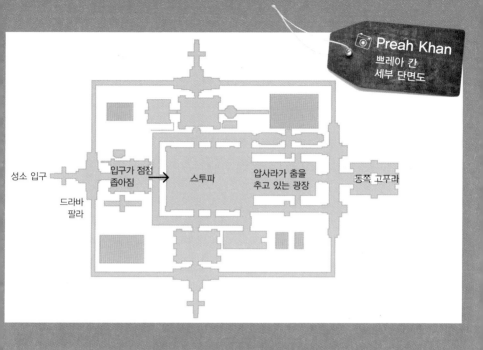

성소 입구

드라바
팔라

입구가 점점
좁아짐 →

스투파

압사라가 춤을
추고 있는 광장

동쪽 고푸라

Preah Khan
쁘레아 칸
세부 단면도

는 이 칼을 자야바르만 7세가 회수하여 이곳에 모시고 전쟁에 승리했다고 적혀 있다. 쁘레아 칸의 동문으로 들어가 오른쪽을 보면 다른 곳에서 볼 수 없는 2층으로 된 건축물이 있다. 건물 생김새가 너무 특이하여 이곳에 신성한 칼을 보관했을 것으로 생각하고 후대 학자들은 쁘레아 칸이란 이름을 붙였다.

하지만 본래의 이름은 신성한 승리라는 뜻을 가진 자야스리(Jayasri)다. 자야바르만 7세는 이 인근에서 참파와의 큰 전쟁을 일으켜 대승을 거두는데, 얼마나 많은 사람들이 죽었는지 피가 강물처럼 흘러갔다고 기록되어 있다. 그 후 11세기 무렵에 만든 힌두교 사원인 이곳을 임시 왕궁으로 사용하였고 앙코르톰에 왕궁을 짓고는 이곳을 대대적으로 증축하여 자신의 아버지를 기리는 사원으로 만들었다. 그래서 본래의 이름은 이 전쟁의 승리를 기념하는 의미로 붙여진 것으로 추정된다.

자야바르만 7세의 아버지는 지방의 호족장이였기 때문에 그는 자신의 아버지를 신격화해야 했다. 그래서 사원을 짓고 아버지를 기리면서 로케스바라(Lokesvara), 즉 관세음보살상을 안치했다. 그러다 소승불교가 들어온 16세기경 스투파로 바뀌었다.

이 사원은 불교학교로 활용했는데, 약 1천 명의 교수가 있었고 마을과 사람들을 지정해 사원에서 봉사를 하게 했다. 자야바르만 7세는 사방으로 도로를 만들고 그 도로변에 121개의 여행자 휴게소인 삼낙을 만들었다. 그리고 약 20만 명의 사람들이 삼낙을 관리하게 했다.

동문을 지나면 참배로가 이어진다. 양쪽에 있는 모든 석등은 아래쪽에는 사자, 중간에는 부처상, 위쪽에는 연꽃이 조각되어 있었다. 그

◉ 참배로 끝 부분에 부처상이 하나 있다.

런데 자야바르만 8세 때 모두 파
손되었고 그중에 하나가 파손되
지 않고 남아 있다.

　쁘레아 칸은 800×700미터의
해자가 있으며 외부 담은 라테라
이트로 만들어져 있다. 외부 담의
높이는 5미터이고, 50미터 간격으
로 총 72개의 가루다를 새겨두었
다. 해자 위에는 〈젖의 바다 젓기〉
신화를 석상으로 만들어두었다.

◉ 가루다가 발톱으로 나가를 움켜쥐고 있는 모습을 조각
　한 것으로 쁘레아 칸에서만 볼 수 있다.

　사원 입구에 다다르기 전에
나오는 광휘의 집(House of Fire)
은 힌두교를 수행했거나 각 지방
에 있는 사원으로 가는 중요한 제
물을 보관했던 장소로 추정된다.

　커다란 나무가 있는 쁘레아
칸의 입구로 들어가면 오른쪽에
둥근 기둥의 2층 건물이 있다. 학
자들은 이 건물에 신성한 칼을 보
관했을 것으로 추측했다.

◉ 광휘의 집.

　동문에서 중앙 성소로 가기
전에 오른쪽으로 꺾으면 2개의 여신상이 나온다. 머리 장식이 화려하고
보석을 박았던 흔적이 남아 있는 것으로 보아 자야바르만 7세의 아내로

추정된다. 자야바르만 7세는 2명의 아내가 있었는데 자야데비와 인드라데비다.

◉ 성소 입구.

◉ 신성한 칼이 보관되었을 것으로 추정되는 건물.

앙코르–신을 찾아 떠나는 즐거운 여행 ▬▬▬

🏵 자야바르만 7세의 아내로 추정되는 자야데비와 인드라데비 여신상.

중앙 성소 한가운데에는 일종의 부처님의 사리를 모시는 스투파가 있다. 본래 로케스바라가 안치되어 있었지만 16세기경 소승불교가 들어오면서 스투파로 바뀌었다. 과거에는 1,500톤의 청동으로 화려하게 치장을 했지만 지금은 모두 사라지고 없다. 중앙 성소의 북쪽에는 따 쁘롬처럼 에코룸이 있다.

🏵 부처님의 사리를 모시는 스투파.

중앙 성소의 서쪽으로 나올수록 복도에 있는 문들이 점점 낮아진다. 동문은 신이 들어가는 문이지만 서문은 신하와 노예들이 들어가는 문이었기 때문에 겸손한 자세로 고개를 숙이고 들어가게 하기 위해서였다고 한다.

앙코르-신을 찾아 떠나는 즐거운 여행

따 쁘롬에 비해 아직 많은 사람들이 방문하지는 않지만 웅장함과
힘을 느낄 수 있는 사원이다.

01 원근법의 효과로 보
   이는 현상이 아니라,
   실제 문의 높이가 점
   점 낮아진다.
02 머리가 잘린 수문장
   이 있는 서문.
03 랑카의 전투.
04 고바르다나 산을 들
   어 사람들과 가축을
   보호하는 크리슈나.
05 젖의 바다에 누워 있
   는 비슈누와 락슈미.

관세음보살의 병원,
네악 뽀안 Neak Pean _축성시기 12세기 후반

천년 전 이곳 사람들이 아팠을 때 네악 뽀안을 드나들었던 것은 관세음보살의 음덕을 믿었기 때문이 아니었을까. 네악 뽀안은 북 바라이의 중앙에 있는 작은 섬 한가운데 있다. 북 바라이는 자야바르만이 3,700×900미터 크기로 만든 저수지로 자야타타카라고 부르기도 한다.

1900년대 초반 프랑스가 이곳에 제방을 쌓고 난 이후 물이 점점 말라서 2000년 전후의 자료나 사진을 보니 물이 거의 없고 중앙 저수지도 걸어서 드나들었다. 그런데 2009년부터 물이 점점 들어와 2011년에는 네악 뽀안이 침수되었다. 그 후, 2010년부터는 건기 때에도 북 바라이에 물이 마르지 않았다.

자야바르만 7세는 왕으로 즉위한 뒤 전국토에 도로를 건설하고 121개의 여행자 쉼터인 삼낙을, 전국에 102개의 병원을 만들었다. 그 병원 중에 원형이 가장 잘 보존된 곳이 네악 뽀안이다.

◉ 중앙 성소
동쪽에는 나가 2마리가 머리를 틀어 입구를 표시하고 몸통은 사원 전체를 두르고 있다. 2마리의 꼬리가 꼬인 채 서쪽으로 들고 있다.

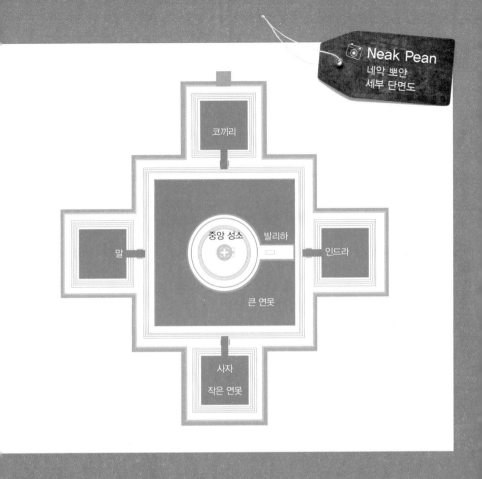

코끼리

중앙 성소 발리하

말 인드라

큰 연못

사자

작은 연못

1900년대 초반 이 사원을 발견한 프랑스 학자들은 중앙 성소 한가운데에 마치 뱀이 똬리를 틀듯이 스펑나무가 올라가 있는 것을 보고 '똬리를 튼 뱀'이란 뜻으로 네악 뽀안이란 이름을 붙였다.

1935년 그 나무는 벼락을 맞아 없어졌고 중앙 성소는 복원되어 지금의 형태를 유지하고 있다. 1939년 네악 뽀안과 북 바라이로 연결되어 있는 쁘레아 칸에서 발견된 비문에 네악 뽀안의 옛 이름이 라자스리 (Rajasri 왕의 영광)였다고 적혀 있다.

중앙 연못의 동쪽에는 관세음보살의 화신인 발라하(Balaha) 석상이 있는데 다음과 같은 스리랑카 전설이 전해지고 있다. 인도의 심할라(Simhala)라는 상인은 관세음보살을 믿고 있었다. 어느 날, 그는 무역을 하러 바다로 배를 끌고 가다가 큰 풍랑을 만났다. 파도에 배가 부서지고 선원들이 물에 빠져 죽어갔다. 심할라는 자신이 믿는 관세음보살을 애타게 찾았다. 하늘에 있던 관세음보살이 차마 그냥 보고 있을 수 없어 큰 말인 발라하로 변하여 바다로 가서 심할라가 타고 있는 배를 육지로 끌어다주었다. 그 후 심할라는 더 이상 장사를 하지 않고 관세음보살의 대자대비한 덕을 사람들에게 알리고 관세음보살을 믿으라며 이야기하고 다녔다. 그러던 중 사람들이 그를 왕으로 추대하여 스리랑카의 첫 왕이 되었다.

◉ 발라하 석상은 동서남북으로 각각 4개가 있었을 것으로 추정된다. 지금은 1924년에 복원된 동쪽 석상만 남아 있다.

앙코르-신을 찾아 떠나는 즐거운 여행 ▌▌▌

관세음보살에게 경배하는 사람들
자야바르만 7세 이후 정치적인 이유로 불상이 많이 파괴되
었지만 이곳에서는 다양한 부처상을 볼 수 있다. 당시 사
람들이 신에게 얼마나 의지했는지를 알 수 있다.

　힌두교에서는 세상의 중심을 히말라야라고 본다. 히말라야에서 흘
러나온 물이 4개의 큰 강으로 흐르고, 그 물이 세상의 근원이 된다고
믿었다. 네악 뽀안의 중앙 연못은 히말라야 산 꼭대기에 있는 아나바타
프타(Anavatapta)라는 상상의 연못을 상징하고, 이 연못에서 흘러나와
이루어진 작은 연못은 세상의 근원이 되는 4대강을 형상화한 것이다.

　네악 뽀안에는 인공 연못이 5개 있다. 중앙에 70×70미터 크기의
연못이 있다. 연못 한가운데에는 직경이 14미터인 원형 섬이 있고, 이

ⓐ 중앙 연못과 작은 연못이 이어지는 곳에 사당이 있다.

섬 가운데에 중앙 탑이 있다. 중앙 연못을 중심으로 동서남북으로 30×
30미터 크기의 작은 연못이 4개 있다. 중앙 연못의 물이 흘러 작은 연
못으로 가는데 인드라와 사자, 말, 코끼리로 조각된 네 석상의 입으로
흐른다.

　　당시 몸이 아픈 사람들은 네악 뽀안에 와서 중앙 성소의 수행자에
게 네 가지의 진단을 받았다. 그리고 나서 작은 연못에 있는 석상의 입
에서 흘러나오는 물을 먹거나 몸에 바르면 병이 낫는다고 믿었다. 이곳
에서 많게는 한번에 최대 8천 명이 진료를 받았다고 한다.

앙코르─신을 찾아 떠나는 즐거운 여행

◉ 작은 연못에 있는 인드라(동), 말(서), 사자(남), 코끼리(북) 석상의 입으로 물이 나온다.

　고대 크메르인들은 모든 죄악이 발에서 온다고 믿었다. 네악 뽀안의 물은 신성한 산 프놈 꿀렌에서 오는 물이다. 그래서 이 신성한 물을 먹거나 몸에 바르는 것은 더러운 죄가 모두 씻겨 나가는 세례적인 의미를 지닌 것으로 추정된다.

　2011년 10월에 북 바라이 호수에 물이 불어 네악 뽀안이 침수 위기가 있었다. 그때부터 지금(2015년 5월)까지도 막아놓아 입구에서만 네악 뽀안을 볼 수 있다.

크메르의 심장,

똘레삽 Tonle Sap

물은 문명을 만든다. 세계 4대 문명은 강을 중심으로 만들어졌다.
그 물을 중심으로 사람들은 번영을 이루었다. 강은 사람에게 물을
공급할 뿐만 아니라 주변의 비옥한 농토로 다양한 농산물을 생산
할 수 있게 하기에 사람들은 강 주변에 모여 생활했다. 그러면서
그들은 하나의 사회를 만들고, 하나의 나라를 만들어나갔다.

동양 최대의 호수, 똘레삽 역시 인간의 문명을 발전시켰고 자연이
선사하는 아름다움을 지닌 곳이다. 위대한 앙코르 유적을 남긴 캄
푸차 데사가 가장 강성했던 1200년경, 앙코르톰 인근에는 약 170
만 명의 사람들이 살고 있었다. 그들은 똘레삽을 중심으로 나라를
만들었다. 똘레삽을 통해 얻은 자원으로 그들은 점점 나라를 부강
하게 만들었다.

물은 생명을 탄생시킨다. 수많은 생명체들 중 사람도 물에서 태어났다. 물이 몸속에 들어가 혈액을 형성하고, 혈액은 몸속을 흐르며 곳곳에 영양분을 공급한다. 그리고 몸속에 있는 노폐물이나 더러운 찌꺼기를 소변이나 땀으로 배출시킨다. 사람은 물을 통해 건강한 육체를 가지게 되는 것이다.

또한 사람은 물로 육체의 더러운 불순물을 씻어내기도 하고, 더위를 식히기도 한다. 이렇게 청결을 유지하고 건강을 지켜나간다. 육체뿐만이 아니다. 사람은 물로 정신을 씻어내기도 한다. 사람의 마음속에 있는 상처도 씻어낼 수 있다고 믿었다. 세례나 씻김굿 등을 통해서 내 마음속에 있는 더러움이나 버려야 할 것을 씻어 보내는 것이다. 이처럼 사람은 물이 사악과 부정을 물리치는 힘을 가지고 있다고 믿었다.

호수 또는 거대한 물을 뜻하는 '똘레'에 고유명사 '삽'을 붙인 '똘레삽'은 삽호수 혹은 삽 큰물로 해석한다. 똘레삽은 세계에서 네 번째로 큰 호수이자 동양 최대의 호수다. 약 10만 년 전에는 바다였는데 메콩강의 범람으로 육지가 형성된 것으로 보인다.

물이 제일 적은 4월 말부터 5월 초까지는 똘레삽의 면적이 약 2,500~3,000제곱킬로미터며 물이 제일 많은 10월 말부터 11월 초순까지는 약 10,000~15,000제곱킬로미터 정도로 매년 호수의 면적이 달라지며 수심도 1~12미터까지 큰 폭으로 바뀐다. 이러한 기후 변화로 인해 똘레삽만의 독특한 생활 방식이 형성되었다.

봄이 되면 세계의 지붕이라고 부르는 티벳 고원의 만년설이 녹아 내리기 시작한다. 그 물이 중국 운남성과 라오스, 캄보디아와 베트남 메콩델타를 거쳐 남중국해로 빠지게 되는데, 이 물줄기가 바로 동남아

의 젖줄인 메콩 강이다.

4월 말이나 5월 초가 되면 인도 앞바다에 있던 비구름이 몰려와 동남아시아의 많은 지역이 우기가 된다. 티베트 고원에서 녹은 물과 우기로 내린 빗물이 합쳐지며 메콩 강의 수위가 급격히 오른다.

메콩 강의 본류와 똘레삽 호수에서 내려가는 물줄기는 프놈펜 왕궁 앞에서 만나 남중국해로 나간다. 하지만 6월 말이나 7월 초에는 똘레삽 호수에서 내려가는 물줄기가 남중국해로 가지 못하고 며칠간 소용돌이를 친다. 그러다가 물이 거꾸로 올라온다. 메콩 강 수위가 너무 높아 똘레삽 호수 쪽으로 역류하는 것이다. 그러면서 점점 똘레삽의 면적이 넓어지고 호숫가에 있던 맹그로브 숲이 물속에 잠겨 물고기가 살기 좋은 천혜의 조건이 된다. 똘레삽에서 잡히는 물고기의 양은 1년에 약 400~450만 톤이며 캄보디아 사람들이 필요로 하는 단백질의 60퍼센트 이상을 공급한다. 특히 그중에 제일 많이 잡히는 물고기가 리엘이며, 이 물고기의 이름은 화폐 단위로도 쓰인다.

어마어마하게 많이 잡히는 물고기로 사람들은 다양한 요리를 해 먹는다. 가장 기본적으로 잡은 생선을 굽거나 기름에 튀겨 먹는다. 그리고 숯불에서 약간 떨어진 위치에 생선을 놓고 2, 3일간 빠짝 말리듯이 훈증을 한다. 또 소금물에 살짝 데쳐서 말리기도 한다.

가장 많이 하는 요리 방식은 소금에 염장을 하는 것이다. 3, 4개월이 지나면 생선에서 액체가 나오는데 그걸 떡뜨라이라고 한다. 우리나라의 액젓과 흡사하다. 이곳에서는 국을 끓이거나 양념을 할 때 중요하게 사용된다. 염장한 생선의 살 부분은 쁘라혹이라고 한다. 오래 둘수록 좋기 때문에 최대한 3년까지 두고 먹기도 하는데, 냄새가 무척 지독하다. 하지만 이것을 맛본 프랑스인들은 냄새는 지독하지만 그 맛이 너무 좋아 악마의 치즈라고 불렀다고 한다. 캄푸차 데사 시절 먼 곳으로 전쟁을 하러 갈 때면 떡뜨라이나 쁘라혹으로 단백질을 공급받았다.

10월이 되면 티벳 고원에도 겨울이 온다. 그러면 물이 다시 얼어붙기 시작한다. 10월 말이 되면 동남아 지역도 우기에서 건기로 들어가면서 메콩 강의 수위도 하루가 다르게 줄어든다. 몇 개월간 가득 차 있던 똘레삽의 물이 다시 메콩 강으로 향하고 남중국해로 빠져나간다.

몇 개월간 물속에 있던 땅이 드러나면서 그 땅은 아주 비옥한 농토가 된다. 11, 12월이 되면 캄보디아는 다양한 농사를 짓느라 바빠지는 시기다. 이 땅에서 수확한 쌀로 탄수화물을 공급받는다.

이곳에 사는 사람들은 대부분 물 위에서 태어나 물 위에서 평생을 살아간다. 똘레삽의 물에 빨래를 하고, 그릇을 씻고, 목욕을 하고, 그 물로 밥을 지어 먹는다.

이곳 사람들 역시 그들만의 삶의 방식으로 살아간다. 개나 고양이, 닭, 돼지 등을 키우기도 한다. 주소가 있어서 우편물을 받을 수도 있다. 똘레삽의 수위는 변하기 때문에 이곳 사람들은 육지와 너무 떨어지지 않은 곳으로 1년에 2번씩 이사를 한다.

현재 똘레삽에는 40여 개의 수상마을에 약 50만 명의 사람들이 살고 있다. 다른 지역에서 볼 수 없는 독특한 생태 환경과 풍경으로 많은 여행자들이 방문한다. 그러나 교통이 편리하지 않고 제대로 된 투어 상품이나 가격 체계가 없어 사전조사를 잘 해야 하는 곳이다.

🛕 메찌레이 Mechrey

씨엠립에서 서쪽으로 약 40분 거리에 있는 수상마을 메찌레이는 푸른 초원이란 뜻이다. 푸른 초원에 많은 철새가 살고 있어 자연을 느끼고 철새 사진을 즐겨 찍는 여행자들에게 추천한다. 마을 주민은 약 3천 명 정도며 캄보디아 사람들이다. 대부분의 집은 물 위에 떠 있는 배를 개조한 플로팅 하우스다. 인근에 있는 서 바라이, 실크팜과 연계하여 여행하기 좋다.

📷 땅에 말뚝을 박거나 맹그로브 나무를 이용해 배로 만든 집을 고정시켜 생활한다.

📷 200명이 넘는 초등학생이 배를 타고 등하교를 한다.

앙코르–신을 찾아 떠나는 즐거운 여행 ▬▬▬

총크니어 Chong Khneas

씨엠립에서 가장 가까운 부두로 올드마켓에서 차량으로 약 20분이면 간다. 총크니어는 막다른 길이라는 뜻으로 마을 주민들은 플로팅 하우스와 이동식 주택에서 지낸다. 이동식 주택의 경우 물의 이동에 따라 수시로 이사를 다녀야 한다. 마을 주민은 약 1만 명인데 그중 3~5천 명이 플로팅 하우스에 살고 있으며, 그들은 대부분 베트남 난민들이다. 접근성이 뛰어나 많은 관광객이 방문하게 되자 주민들의 상술과 상업화가 증가하여 수상마을의 매력이 점점 떨어지고 있는 곳이다. 이곳에서 프놈펜이나 바탐방을 가는 여객선이 출발한다.

◉ 뱀을 걸고 나타난 아이들에게 1달러를 주면 그 뱀을 목에 감아볼 수도 있다.

◉ NGO 사람들이 배 안에 농구 골대를 만들어주어 아이들이 뛰어놀 수 있다.

⛪ 캄퐁 플룩 Kampong Phluk

씨엠립에서 16킬로미터 정도 떨어진 롤루오 유적군 인근에 있으며 차량으로는 40분가량 걸린다. 캄퐁 플룩은 코끼리 상아 부두라는 뜻으로 오래전에는 이곳에서 코끼리 상아를 거래했던 것으로 추정된다. 마을 주민은 약 3천 명이다. 건기에 땅이 드러나면 6~8미터 높이로 나무 기둥을 받쳐 그 위에 집을 지어 산다.

7월부터 2월까지는 작은 배를 타고 맹그로브 숲을 다닐 수 있는 프로그램이 있어 아주 색다른 즐거움을 맛볼 수 있다. 지역 주민들이 직접 노를 젓는 쪽배를 타고 있노라면 마치 물 위를 걸어서 맹그로브 숲을 다니듯 환상적인 분위기를 느낄 수 있다. 다만 혼자 자유 여행을 즐

◉ 얼음부터 야채, 과일까지 다양한 먹거리를 배에 싣고 와서 판다.

앙코르-신을 찾아 떠나는 즐거운 여행

긴다면 배를 탈 수 있는 티켓 구매가 어렵기 때문에 여행사나 차량 기사를 통해 미리 알아보는 게 좋다.

◉ 물이 빠지면 큰 도로 양쪽에 집이 있는 마을이 되었다가 물이 들어오면 주민 사람들은 배를 타고 이동한다.

🏯 캄퐁 클리앙 Kampong Khleang

씨엠립에서 프놈펜 방향으로 약 30
분을 가서 오른쪽으로 30분을 더 가면 톨
레삽에서 제일 큰 수상마을인 캄퐁 클리
앙이 나온다. 약 3만 명의 주민들이 살고
있다. 캄퐁은 부두, 클리앙은 창고란 뜻으
로 어업 전진기지 정도로 생각하면 된다.

이곳에 가면 다양한 볼거리가 있는

🌀 이곳의 집은 대부분 젓갈을 담거나 물고기를 말리는 건조장 역할을 한다. 잡은 물고기를 대나무에 끼워
　훈증을 하기도 한다.

데, 6~10미터 높이에 지은 수상가옥과 호수에 있는 플로팅 하우스를 볼 수 있다. 12월 무렵에는 젓갈 담는 냄새가 온 마을을 뒤덮고, 물이 빠져 있을 때면 다양한 농사를 짓는 모습을 볼 수 있다. 근처 벵 밀리아를 둘러보는 것도 좋다.

◉ 집에서 물을 길러 올리고 있는 여인.

외곽 유적지

씨엠립에서 거리가 꽤 멀어 하루에 많은 유적을 둘러보기는 힘들지만 한번은 꼭 가 볼 만한 유적지가 있다. 천년 동안의 자연 그대로를 감상할 수 있는 벵 밀리아는 감상하는 순서나 방법도 딱히 정해져 있지 않아 발길 가는 대로 무너져 내린 사원을 둘러보면 된다. 자야바르만 4세가 자신의 고향에 새로운 수도를 세운 꼬께에는 수많은 링가와 수십 개의 사원이 있다. 왕들의 수도처 쁘레아 비히어는 유네스코 문화유산으로 지정될 만큼 그 경관에 감탄이 절로 나온다. 자야바르만 7세의 고향인 반테이 츠마는 훼손되지 않은 많은 불상을 볼 수 있다. 그리고 마지막으로 유적지가 많은 곳을 여행하다 프놈 꿀렌에서 잠시 물놀이를 즐기며 휴식을 만끽해도 좋다.

무너진 연꽃의 꿈,
벵 밀리아 Beng Melea _축성시기 12세기 초반 추정

벵 밀리아는 씨엠립 시내에서 동쪽으로 약 60킬로미터 이동하면 있다. 차량으로는 1시간 30분, 툭툭으로는 2시간 30분~3시간이 걸린다. 장거리인만큼 인근 유적지와 함께 둘러보기를 추천한다. 꼬 께, 캄퐁 스파이 쁘레아 칸, 캄퐁 클리앙, 프놈 꿀렌 등이 함께 둘러보기에 좋다. 벵 밀리아는 입장권을 따로 구매해야 하는데 가격은 5달러고, 12세 미만은 여권을 챙겨가면 무료다.

학자들이 앙코르 유적을 복원하는 방법에는 크게 세 가지가 있다.

첫 번째는 유적에 있는 비문을 해석한다. 신을 찬양하거나 조상의 업적을 찬양하는 글을 문설주나 비석에 산스크리트어나 팔리(Pail)어, 고대 크메르어로 새겨둔 것을 해석하는 것이다. 비문이 세월의 흔적으로 일부 파괴되기도 했지만 아주 소중한 자료로 활용되었다.

두 번째는 이웃나라에서 역사적인 기록을 찾는다. 당시 크메르 민족의 나라들은 인도나 중국 등과 여러 가지 교역을 했다. 외국의 역사책에 캄푸차 데사와의 교역이 기록되어 있다. 그리고 이곳을 방문했던 당시 사람들이 남긴 기록을 찾기도 한다. 1296년 이곳을 방문했던 당시 원나라의 사신이었던 주달관의 『진랍풍토기』가 대표적인 책이다.

세 번째로 아무런 기록이 없는 유적은 건축 양식이나 조각 기법 등을 보고 연대를 추정한다.

앙코르-신을 찾아 떠나는 즐거운 여행 ■■■■

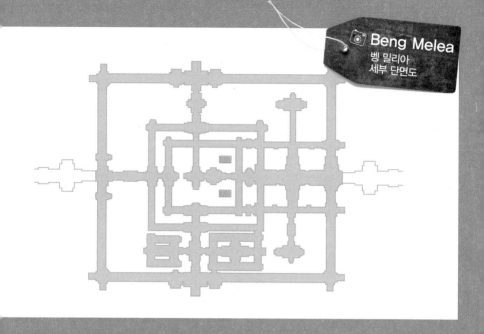

　뱅 밀리아처럼 기록이 없는 유적은 세 번째 방법으로 연대를 추정한다. 많은 학자들이 수리야바르만 2세 때 지은 것으로 추정하며 앙코르왓보다 조금 먼저 건축한 것으로 본다. 그리고 자야바르만 7세 때 증축한 것으로 추정한다.

　뱅은 연못, 밀리아는 아름다운 꽃이라는 뜻의 이 사원은 해자의 평균 폭이 45미터, 동서로 1,025미터, 남북은 875미터로 거대한 타원에 가깝다. 다른 곳에 비해 창과 벽이 높은 것으로 보아 바닥이 1미터가량 물에 잠겨 있는 수상 사원으로 본다. 하늘에서 보면 연못에 핀 연꽃과 같다고 해서 뱅 밀리아라는 이름을 붙였다. 이동할 때는 다리를 이용하거나 작은 배를 이용한 것으로 보인다.

피라미드 형태가 아닌 평면 구조로 만들어 우기에 바닥에 물이 많게 된다. 그래서 돌이 물을 머금어 이끼가 잘 자라게 되고, 이끼 위로 나무가 잘 자란다. 그러다 보니 나무뿌리 때문에 돌의 균형이 무너져 사원의 구조를 알기가 어렵다.

◎ 남문 입구의 나가상은 보존되어 있지만 문은 무너져 내렸다. 남문으로 들어가 한적한 동문으로 나오면 좋다.

앙코르-신을 찾아 떠나는 즐거운 여행

◎ 벵 밀리아 입구에 연꽃이 피어 있는 해자.

◎ 오랫동안 사람의 흔적이 없어서 방치된 나무는 뿌리가 점점 커지고 그 뿌리가 벽을 들어 올려 사원이
무너져버렸다. 일부는 나무뿌리를 잘라 사원의 벽이 더 이상 무너지는 것을 방지했다.

벵 밀리아는 앙코르왓에서 동쪽으로 약 60킬로미터 지점에 있다. 그리고 동쪽으로 더 가면 참파의 왕궁인 다낭이 나오므로 이곳은 군사적으로 아주 중요한 곳이었을 것이다. 참파와 전쟁을 할 때 군수 물자를 보관하고, 참파가 쳐들어올 때 마지막까지 막았던 군사 기지 역할을 했을 것이다.

◉ 중앙 성소로 가는 천상의 다리.

앙코르—신을 찾아 떠나는 즐거운 여행 ▬▬

◉ 중앙 성소에서 동서남북 방향으로 각각 1개씩 있는 라이브러리.

◉ 무너져 내린 중앙 성소.

앙코르-신을 찾아 떠나는 즐거운 여행 ▰▰▰

01 무너져 내린 돌담으로 다니기가 힘든 곳은 나무로 된 통로나 계단을 이용하면 된다.
02 머리가 셋 달린 아이라바타를 타고 있는 인드라.
03 아난타를 타고 있는 비슈누.
04 코뿔소를 타고 있는 불의 신 아그니.
05 몸통이 있는 칼라를 탄 시바.
06 〈젖의 바다 젓기〉 신화가 앙코르왓과는 반대로 조각되어 있다.

벵 밀리아는 천년 동안의 자연 그대로를 감상할 수 있는 곳이다. 여행자들이 좀 더 편하게 둘러볼 수 있게 나무로 만든 통행로가 있고, 지뢰를 제거했을 뿐이다. 복원 작업으로 사람의 손길이 많이 닿은 따 쁘롬과는 달리 벵 밀리아에서는 무너져 내린 연꽃의 꿈을 느낄 수 있다.

◉ 외부 십자 회랑의 압사라
가슴을 만지는 듯한 독특한 자세로 가짜 문 옆에 서 있다.

◉ 복구 작업이 거의 이루어지지 않은 사원을 발길 닿는 대로 둘러본다.

앙코르-신을 찾아 떠나는 즐거운 여행

    벵 밀리아를 둘러보는 데는 특별한 방식 같은 것은 없다. 통행로를 따라가는 게 가장 편한 방법이다. 그런데 무너져 내린 사원을 보고 싶다면 현지 관리인들이나 그곳에 있는 꼬마들에게 안내를 받을 수 있다. 그들에게 1~2달러의 팁만 주면 된다. 또는 밀림 속 영화 주인공처럼 돌무더기를 헤집고 가는 것도 기억에 남는 여행이 될 것이다.

반역의 도시, 꼬 께 Koh Ker _축성시기 921~944년

　　야소바르만 1세가 죽고 그의 아들 하르샤바르만 1세와 이샤나바르만 2세가 차례로 왕위에 올랐다. 집권 기간이 길지 않은 것으로 볼 때 왕권이 강하지 못했던 것으로 보인다. 그러다가 921년에 야소바르만 1세 여동생의 남편, 즉 왕의 고모부인 자야바르만 4세가 자기 고향인 꼬 께(당시 이름은 촉 가르갸르(Chok Gargyar))로 왕권을 상징하는 링가를 가져가 그곳에 새로운 수도를 만들었다. 그래서 촉 가르갸르와 야소다라푸라 두 곳에 서로 다른 왕이 존재하였다. 자야바르만 4세가 죽은 뒤 그의 아들 하르샤바르만 2세는 즉위한 지 3년 만에 죽었다. 결

🏵 꼬 께로 가는 길에는 여러 농장뿐만 아니라 화전을 일구는 풍경도 볼 수 있다.

국 라젠드라바르만 2세가 왕위에 오르면서 수도를 다시 야소다라푸라로 옮겼다. 20여 년간 수도였던 꼬 께는 반역을 꿈꿨지만 끝내 야소다라푸라에 수도를 빼앗기고 말았다.

　사방으로 6×6킬로미터 크기의 성벽이 둘러져 있고, 한가운데는 1,200×550미터의 라할 저수지가 있는데 지금은 흔적만 남아 있다. 꼬 께의 중심 사원 쁘라삿 톰은 7층으로 된 피라미드 형태로 높이가 35미터, 1층 한쪽 변의 길이가 55미터로 꽤 높은 편이다. 2014년부터 쁘라삿 톰의 7층까지 올라갈 수 있게 되었다.

◉ 쁘라삿 톰
　7층으로 높게 지은 것은 하늘과 가깝고 싶은 마음이 담겨 있다.

◉ 링가
정글 속에 100여 개의 링가가 있어 링가푸라라고 부르기도 한다.

◉ 쁘라삿 쁘람
꼬 께 유적군 입구 왼쪽에 5개의 탑이 있다. 그중
하나가 나무에 덮혀 있다.

앙코르-신을 찾아 떠나는 즐거운 여행

꼭대기에는 지름 2미터, 높이 18미터의 링가가 있었다고 전해지지만 모두 사라지고 없다. 수도를 세운 이후 20여 년간 꼬 께에는 수많은 링가를 세워서 링가푸라라고 부르기도 했다. 그 외에도 쁘라삿 쁘람, 쁘라삿 짠 등 수십 개의 사원이 있다.

꼬 께의 조각은 야소다라푸라에 비해 약간 거칠게 보이는데 조각 기술자가 부족했던 것으로 보인다. 건축 양식도 약간 달라서 꼬 께 스타일이라고 부르기도 한다.

꼬 께는 씨엠립에서 약 90킬로미터 떨어져 있으며 차량으로는 2시간 30분가량 걸린다. 벵 밀리아와 연계해서 하루 코스로 보는 것도 좋고, 2시간 정도 더 가면 쁘레아 비히어가 나오니 일찍 서두르면 이곳까지 볼 수도 있다. 꼬 께는 입장권을 구매해야 하고, 입장료는 12세 이상 10달러다.

왕들의 수도처,
쁘레아 비히어 Preah vihear _축성시기 10~12세기

쁘레아 비히어는 캄보디아의 북서쪽으로 태국과 경계를 이루고 있는 약 400킬로미터의 당렉 산맥 꼭대기에 있다. 당렉 산맥의 정상은 대부분 300미터 내외인데 이곳만 525미터로 유난히 높다. 북쪽으로는 경사가 완만하지만 남쪽은 절벽에 가깝다. 남쪽에 서 있으면 마치 구름 속을 떠도는 듯하고 눈앞에 펼쳐진 광경에 탄성이 절로 나온다. 날씨가 맑을 때는 100킬로미터 떨어진 프놈 꿀렌이 지평선처럼 보인다.

야소바르만 1세는 신을 만나기 위해 수많은 산상 사원을 지었는데 쁘레아 비히어도 그중 하나다. 893년 야소바르만 1세 때부터 짓기 시작하여 수리야바르만 2세까지 증축과 보수를 거듭하여 가장 오랜 기

앙코르-신을 찾아 떠나는 즐거운 여행

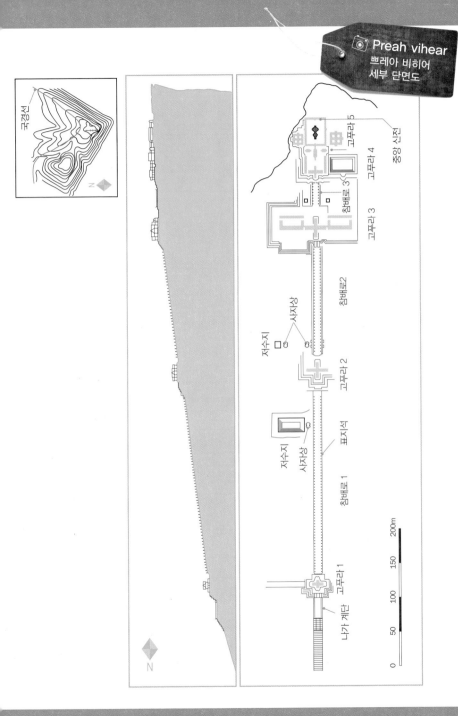

📷 Preah vihear
쁘레아 비히어
세부 단면도

국경선

N

중앙 신전

고뿌라 5
고뿌라 4
고뿌라 3
참배로 3

고뿌라 3

참배로 2

저수지
사자상

고뿌라 2

표지석

저수지
사자상

참배로 1

고뿌라 1

나가 계단

0   50   100   150   200m

N

간에 걸쳐 지었다. 왕들의 수도
처 쁘레아 비히어는 신성한 사
원이란 뜻으로 캄푸차 데사 시
절 아주 중요하게 여겼다. 정치
적인 이유보다 종교적인 이유로
앙코르 제국의 왕이 되면 제일
처음 순례를 왔던 곳이다.

◉ 목조건물이 있었던 것으로 보이는 참배로.

　다른 사원과는 달리 쁘레
아 비히어의 정문은 남쪽에 있
다. 북쪽에서 남쪽으로 올라가
는 지형을 그대로 이용해서 지었기 때문이다. 이러한 특징 때문에 사원
의 형태도 독특하다.

　사원 입구에서 중앙 성소까지는 약 800미터로 3개의 참배로와 5개
의 고푸라를 지나면 나온다. 중앙 성소를 지나면 깎아지른 듯한 절벽을
만날 수 있다.

◉ 첫 번째 고푸라 아래에 있는 나가상
유적지에 있는 나가상들 중 가장 크다.

● 〈젖의 바다 젓기〉 신화
다른 유적지에 새겨진 것과는 달리 코끼리와 가루다
가 있다.

● 산을 들고 있는 크리슈나
쁘레아 칸의 조각과 비슷하지만 조금 독특하다.

● 젖의 바다에 누워 있는 비슈누
비슈누가 다음 세상을 창조하려고 한다.

● 세 번째 참배로 인근에 있는 사자상
한쪽 다리가 앞으로 나와 있는 독특한 형태지만 지금
은 유실되어 볼 수 없다.

　　쁘레아 비히어는 영유권 문제로 국제적 논쟁이 뜨거웠다. 1431년
캄푸차 데사의 권력이 약해지자 한동안 태국이 이 사원을 점령했다. 그
러다가 1904년 태국과 당시 캄보디아를 식민지로 두고 있었던 프랑스
가 국경협상을 했다. 당렉 산맥을 기준으로 영토를 나누기로 합의하자
쁘레아 비히어는 태국의 영토가 되었다.

그런데 1907년 프랑스 관리들은 새롭게 만든 지도에 이 사원을 캄보디아 영토로 표기했다. 27년이 지나서야 태국은 이 사실을 알고 처음에는 아무런 조치를 취하지 않았다가 1950년에 국경수비대를 배치시켜서 이 지역을 장악했다.

그 후, 독립을 한 캄보디아는 수차례 태국의 국경수비대 철수를 요구하다가 국제사법재판소에 제소하여 1962년에 승소 판결을 받아 태국 군대가 철수하게 되었다. 하지만 이후에도 수차례 국경분쟁이 일어나

◉ 중앙 성소
야소바르만 1세 때 지은 건축물로 한가운데는 16, 17세기의 부처상이 있다.

앙코르-신을 찾아 떠나는 즐거운 여행 ▬

◉ 건너편으로 보이는 태국.

◉ 태국과의 전쟁으로 사원 곳곳이 파손되었고, 포탄이 나뒹굴고 있다.

포격전을 벌리고 사상자가 발생하기도 했다. 2011년 포격전 이후 지금
은 잠잠해진 상태지만 언제 다시 분쟁이 일어날지 모르는 화약고와 같
은 지역이다. 한때는 사원 입구에서 태국과 캄보디아 국경을 통과할 수
있었으나 2008년에 폐쇄되어 지금은 100킬로미터 가량 떨어진 안롱 벵
으로 이동해서 태국으로 갈 수 있다.

◉ 앙코르왓 다음으로 유네스코 문화유산으로 지정을 받아 기념비를 세워두었다.

캄보디아 정부에서는 씨엠립 지역으로 집중되어 있는 관광산업을 이곳 쁘레아 비히어와 시학누빌로 확대하여 대표 관광지로 개발할 계획이다. 아직은 길이 조금 험해서 일반 차량으로는 갈수 없다(2015년 05월). 그래서 오토바이 뒤에 타고 가거나(1인 5달러) 사륜구동형 차량을 빌려서 타고 가야 한다(1대 25달러, 최대6인). 숙박 시설은 점점 늘고 있어 관광하기가 어렵지 않다. 쁘레아 비히어 아래에 위치한 앙끄롱 마을에는 2014년 4월 기준 게스트 하우스가 총 6개가 있으며 1객실의 평균 가격은 15달러다.

◉ 신고 사무소.

앙코르−신을 찾아 떠나는 즐거운 여행

◉ 해질 무렵이면 산 정상을 내려오면서 멋진 일몰을 감상할 수 있다.

앙끄롱에서 북쪽으로 15~20분가량 가다보면 왼편에 신고 사무소
가 있다. 반드시 여권을 가지고 이곳에 들러 이름과 국가 등을 적어야
한다.

씨엠립에서는 프놈 꿀렌을 거쳐 안롱 벵을 지나 약 4시간을 이동
하면 도착할 수 있어 당일로 갔다 올 수 있다. 벵 밀리아, 꼬 께를 거쳐
서 가도 된다. 또는 벵 밀리아, 꼬 께, 쁘레아 비히어, 반테이 츠마의
외곽 유적을 둘러보는 것을 포함하여 1박2일 코스로 알차게 다녀올 수
도 있다.

구름도 함부로 넘지 못하는 신성한 당렉 산맥의 정상에 있는 왕의
사원을 다녀오면 마음까지 편안해진다.

자야바르만 7세의 고향, 반테이 츠마 Banteay Chhmar _축성시기 12세기 후반

반테이 츠마는 도로 사정이 그리 좋지 않다. 씨엠립에서 태국과의 국경도시인 뽀이뻿 방향으로 약 100킬로미터를 가면 씨소폰이라는 도시가 나온다. 이곳에서 오스맛 방향으로 우회전하여 55킬로미터를 더 가야 한다. 거리에 비해 이동 시간이 2시간 30분 정도 걸리지만 그 이상의 가치가 있는 곳이다.

반테이는 성, 츠마는 작다라는 뜻으로 작은 성을 의미한다. 수도에 앙코르톰을 만들었던 자야바르만 7세는 자신의 고향에 앙코르톰보다는 작지만 큰 사원과 도시를 만들고 싶었던 것으로 추정된다.

태국과 국경인 당렉 산맥은 반테이 츠마에서 그리 멀지 않다. 그래서 이곳은 단순한 사원이 아니라 전략적인 요충지였다. 당시 앙코르

◉ 사원의 여러 곳에서 만날 수 있는 부처상
다른 지역은 부처상이 대부분 파괴되었지만 이곳에서는 흔하게 볼 수 있다.

앙코르–신을 찾아 떠나는 즐거운 여행 ▬▬

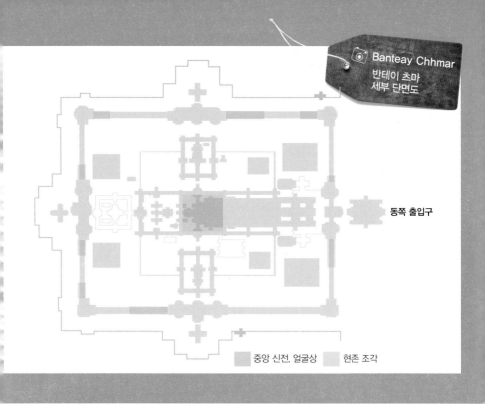

동쪽 출입구

중앙 신전, 얼굴상   현존 조각

톰에서 약 100킬로미터 내외의 5대 지방 도시가 제국의 틀을 유지하는
데 핵심적인 역할을 했다. 5대 도시는 삼보 쁘레아 쿡, 캄퐁 스파이 쁘
레아 칸, 꼬 께, 벵 밀리아 그리고 반테이 츠마였다.

   이 사원을 최초로 만든 수리야바르만 2세는 비슈누를 기리는 힌
두 사원을 지었다. 그러다 자야바르만 7세 때 불교 사원으로 증축했
다. 이곳은 자야바르만 7세의 고향이기도 했지만 똘레삽 전투에 참가
하여 숨진 그의 아들 스린드라쿠마라를 기리면서 대대적인 증축을 하
게 되었다.

이곳은 2,500×2,500미터 크기에 3미터 높이의 라테라이트 외부 담이 있는 도시로 사람들이 살았다. 그 가운데에 600×800미터 크기에 폭이 65미터인 해자가 있고, 그 안에 250×250미터 크기의 회랑이 있는 사원을 만들었다. 한편 사원을 수호하는 것처럼 사방으로 작은 사원을 몇 개 만들었고, 동쪽으로는 800×1,500미터 크기의 저수지를 만들었다. 저수지 중앙에는 작은 사원이 하나 있다.

자야바르만 7세는 국교를 불교로 바꾸어 수많은 불교 사원과 불상을 만들었다. 하지만 자야바르만 8세가 다시 힌두교로 국교를 바꾸면서 불상을 파괴하거나 불교 조각을 많이 훼손시켰다. 그럼에도 불구하고 반테이 츠마에서는 많은 불상을 볼 수 있는데, 자야바르만 7세의 고향이기도 하고 거리가 너무 멀어 거의 훼손되지 않은 것으로 보인다.

◎ 동문은 거의 파괴되었지만 17, 18세기에 세운 불상이 있고 나가상을 볼 수 있다.

◉ 동문으로 들어가면 무너져 내린 돌 틈에 있는 계단 위에 브라마상을 볼 수 있다. 악사들이 브라마를 찬
　양하면서 노래를 부르며 연주하고 있다.

◉ 브라마상 뒤편에는 삼신상(왼쪽부
　터 브라마, 시바, 비슈누)이 있다.

01 라마가 라바나를 활로 쏘아 죽이고 있다.
02 라마상 반대편에 있는 시바 조각.
03 중앙 성소 부근에 무너져 내린 사원.
04 이곳에는 총 35개의 사면상이 있다. 내전 중 밀반출을 하면서 사면상이 많이 무너져 15개가 탑 형태로
   남아 있는데 그중 가장 잘 보존된 사면상이다.

앙코르-신을 찾아 떠나는 즐거운 여행

반테이 츠마의 회랑은 마치 바이욘을 둘러보는 듯하다. 군대의 행진, 전투 장면, 일반인의 생활상 등을 볼 수 있다. 또한 다른 곳에서는 볼 수 없는 16개나 32개의 팔을 가진 로케스바라(관세음보살)를 볼 수 있다.

◉ 외부 회랑
전투 장면이 많이 새겨진 것으로 보아 전쟁에서 죽은 아들을 기린 것으로 추정된다. 안타깝게도 온전하게 남아 있는 곳이 거의 없다.

◉ 민간인의 결혼식
신랑 신부가 신에게 경배하고, 양끝에 수문장이 지키고 있다.

◉ 어둠의 신 라후에게 아내를 바치는 자야바르만 7세
라후는 참파족을 상징하므로 아내를 바쳐 참파를 물리친 것으로 해석된다.

🏵 32개의 팔을 가진 로케스바라의 손바닥에 부처가 새겨져 있다.

🏵 자야바르만 7세가 아들의 머리를 바쳐 이 나라를 구했다는
　의미로 해석된다.

　　　　　　　　　　앙코르-신을 찾아 떠나는 즐거운 여행 ▬▬

◉ 처음으로 복원을 하고 있는 동쪽 벽 끝 부분이다. 가운데 크게 표현된 인물은 자야바르만 7세와 아들로 추정된다.

　　이곳은 1993년까지 크메르루주 군이 주둔을 했었고 내전 시절 놓아두었던 지뢰 때문에 최근까지 접근이 힘들었다. 그러다가 2007년 독일의 도움으로 지뢰를 제거했다. 지금은 글로벌 헤리티지 펀드(저개발국의 문화유산을 보존하기 위해 지원 활동을 펴고 있는 미국의 비영리 단체)가 매년 20만 달러를 지원해 2008년부터 복원을 진행해왔고, 유네스코 문화유산 지정을 위한 활동도 하고 있다. 입장료는 1인당 5달러고, 관람 순서는 정문으로 들어가 중심 사원을 먼저 보고 나서 외부 회랑 전체를 둘러보는 것을 추천한다.

🏯 민족의 성산, 프놈 꿀렌 Phnum Kulen _축성시기 9세기

캄보디아 사람들이 평생 꼭 가보고 싶어 하는 3대 성지가 있다. 세상에서 제일 큰 신전인 앙코르왓, 왕들의 수도처 쁘레아 비히어, 그리고 신성한 산 프놈 꿀렌이다.

자바에서 돌아온 자야바르만 2세는 신성한 산 프놈 꿀렌에서 새로운 왕도를 열었다. 데바라자(참조 44p) 의식을 치른 뒤 그는 백성들에게 전륜성왕(차크라 바르틴), 즉 세상의 주인이라고 선포했다.

프놈 꿀렌의 옛 이름은 마헨드라파르바타(Mahendraparvata)였다. 신들의 왕인 인드라의 궁전이 있는 곳이 마헨드라파르바타였기 때문에 모든 신들이 그곳에 모여 산다고 생각했다. 그래서 아주 신성한 곳으로 여겼다.

프놈 꿀렌은 씨엠립에서 약 40킬로미터 떨어진 곳에 있는 산이다. 하지만 프놈 꿀렌보다 더 높은 곳에서 내려다보면 길이가 무려 35킬로미터로 산맥처럼 길게 뻗어 있는 형태다. 입구에 다다르면 지금까지 봤던 씨엠립 주변과는 좀 다른 풍경이 보인다. 캄푸차 데사 시절에 사원을 짓기 위해 돌을 가지고 갔던 채석장이 있다. 코끼리를 이용해 수로까지 돌을 운반하고 우기를 기다려 비가 내리면 뗏목을 만들어서 운반한 것으로 보인다.

부처님의 발자국 때문에 프놈 꿀렌을 신성하게 여긴다. 바다를 넘어 온 부처님이 똘레삽, 프놈 끄데이, 프놈 바켕, 프놈 꿀렌을 딛고 산으로 들어갔다고 전해 내려온다.

입구 근처에 채석장으로 이용한 흔적이 보인다.

◉ 쁘레아 앙톰으로 올라가면서 계단에 앉아 있는 현지인들에게 지폐를 나눠주면 복을 받는다는 전통 풍습이 있다고 한다.

◉ 20미터 정도의 커다란 바위 위에 길이 10미터, 높이 2미터의 쁘레아 앙톰이 있다. 쁘레아는 신성하다, 앙은 누워 있는 부처, 톰은 크다라는 뜻이다. 이 불교 사원을 언제 지었는지 정확히 알 수는 없으나 와불상은 11세기에 조각한 것으로 추정된다. 거대한 와불상을 만들기까지 많은 사람들의 염원이 담겨 있기에 저절로 숙연해지기까지 한다.

앙코르-신을 찾아 떠나는 즐거운 여행

◉ 물속에 조각된 1천 개의 링가와 요니.

　프놈 꿀렌의 유적 중 링가와 요니는 독특하게도 얕은 계곡 물속에 있다. 발원지인 프놈 꿀렌에 신성한 상징을 새겨 넣어 앙코르왓, 앙코르톰, 똘레삽으로 흘러가는 씨엠립 강물을 성스럽게 한 것으로 보인다.

　프놈 꿀렌은 캄보디아 정부에서 개인에게 개발권을 주었다. 그래서 12세 이상의 외국인은 1인당 20달러의 입장료를 내야 들어갈 수 있다. 길이 좁아 25인승의 차량만 다닐 수 있으며, 오전에 올라가고 오후에 내려오는 일방통행으로 되어 있다. 씨엠립에서 차량으로 약 2시간이 걸린다.

◎ 폭포가 있는 계곡은 건기에도 물이 마르지 않아 많은 사람들이 물놀이를 즐긴다.

◎ 프놈 꿀렌에서만 볼 수 있는 빨간 바나나는 크림처럼 부드럽고 달콤한 향기가 난다.

앙코르-신을 찾아 떠나는 즐거운 여행

　이곳은 많은 유적지가 있는 곳을 여행하다 잠시 물놀이를 즐기며
휴식을 취하기에 좋다. 높이 2, 3미터의 작은 폭포와 씨엠립 인근에서
는 제일 큰 20미터 높이의 폭포가 있다. 건기에도 물이 마르지 않아 여
행자들뿐만 아니라 캄보디아 사람들도 자주 찾는 휴식처다. 영화 〈툼레
이더〉를 촬영하기도 했고, 수십 개의 방갈로가 있어 소풍처럼 즐길 수
있다.

캄보디아는 다른 곳에서 볼 수 없는 독특한 문화를 가지고 있다. 힌두문화와 중국문화가 혼재했다가 중국문화는 현재 베트남에 자리 잡고, 캄보디아에는 힌두문화가 남아 있다. 캄보디아의 신화는 힌두문화와 토착문화의 만남으로 이곳의 창조 신화를 이해해야 나가문화를 이해할 수 있다. 캄보디아의 창조 신화는 다른 나라의 건국 설화와 마찬가지로 여러 갈래의 이야기로 전해져 오고 있다. 그 내용은 조금씩 다르며 그중에 하나를 임의 발췌해서 옮겨 적음을 이해해주길 바란다.

인도의 한 브라만 계급의 카운디냐(Kaundinya)라는 청년(혹은 왕자)이 꿈속에서 창조의 신 브라만의 계시를 받는다.

"동쪽으로 가라. 동쪽의 큰 나무 밑에 큰 화살과 활이 있다. 그것을 가지고 새로운 땅을 찾아 떠나라."

다음 날 그는 화살과 활을 찾아 그의 일족을 데리고 동쪽으로 갔다.

그때 나체의 여자 군대로 구성된 배가 카운디냐 일행의 배를 막았다. 여자 군대의 대장은 소마라는 아름다운 공주였다. 카운디냐는 신의 계시로 구한 화살과 활로 여자 군대를 제압했다. 벌거벗은 공주가 무릎을 꿇고 있는 모습을 본 카운디냐는 자신의 옷을 벗어 공주의 아랫도리를 가려주었다.

이에 반한 소마 공주는 카운디냐에게 청혼을 했다. 두 사람은 결혼을 허락받기 위해 소마 공주의 아버지를 찾아갔다. 소마 공주의 아버지는 사람이 아니라 나가라자였다. 나가는 뱀, 라자는 왕이라는 뜻으로 뱀의 왕, 즉 소마 공주는 용의 딸이었다.

나가라자는 둘의 결혼을 축하하고 물을 마셔서 물속에 잠겨 있던 땅을 물 위로 끌어 올려 그 땅을 카운디냐에게 주었다. 그리고 그 땅의 이름을 캄푸차라고 불렀다. 그 땅이 지금의 캄보디아다.

우리는 이런 캄보디아의 건국신화를 통해 몇 가지의 사실을 알 수 있다.

첫째, 카운디냐가 신에게 커다란 화살과 활을 받아 동진했다고 하는데, 이것은 새로운 문명, 새로운 문화, 신기술을 가진 인도인들이 동진해 왔다는 것을 의미한다.

둘째, 소마 공주의 일행이 카운디냐 일행을 가로막았다는 것으로 보아 이곳은 아주 강력한 모계사회가 있었음을 의미하고 있다. 지금도 장녀와 결혼을 하면 부모님을 모시고 살아야 하고(데릴사위) 장녀에게 재산상속의 우선권이 있다고 한다. 지금도 시골에는 한집에 부모, 딸 그리고 여러 명의 사위가 같이 산다고 한다.

셋째, 소마 공주의 아버지가 나가라자였다는 것은 이곳이 뱀을 숭배하는 뱀 샤머니즘이 있었다는 것을 의미한다. 이곳은 우기가 되면 전 국토의 약 40퍼센트가 물에 잠긴다. 물의 왕이 악어라고 생각할 수도 있지만 악어는 물 밖에서는 힘을 쓰지 못한다. 그렇지만 뱀은 물 안에서도 물 밖에서도 잘 다닌다. 또한 동남아에서는 뱀이 재물을 상징하기도 한다. 나가가 이 땅의 수호신으로 사원을 지키고 이 나라를 지킨다고 믿는다.

넷째, 나가라자가 물을 빨아 먹었다고 하는데 이곳 캄보디아 땅은 약 10만 년 전에는 모두 바다였다. 그런데 메콩 강의 토적물이 점점 내려와서 이곳이 육지화가 되었다고 한다. 실제 씨엠립 지역은 60~70미터를 내려가야 암반층을 만나는데 대부분이 아주 고운 모래흙이다. 이곳은 사람이 산 흔적이 기원전 4000년 전부터 흔적이 나타난다. 그전에는 늪지대가 너무 많아 사람이 살기 어려웠던 것이다.

다섯째, 벌거벗은 군대가 있었다는 것은 당시 이곳 사람들은 모두 옷을 입지 않다가 힌두교 세력이 들어오면서 아랫도리를 가린 것으로 본다. 앙코르의 압사라나 데바타 조각에서 아랫도리만 입고 있는 이유가 이 때문이다. 그러다 프랑스의 식민지가 되면서부터 상반신에도 옷을 입었다고 한다.

다시 한 번 정리를 하면 카운디냐를 중심으로 하는 힌두교 세력이 신의 계시를 받아 동진해왔다. 그들이 도착한 곳에는 소마 공주를 중심으로 뱀 샤머니즘을 가지고 아주 강력한 모계사회가 형성되어 있었다. 그들은 처음에는 전쟁을 하지만 결혼을 통해 세계에서 유례를 찾을 수 없는 '힌두나가리즘'이라는 문화를 만들어 동남아의 최강자로 군림했다.

이처럼 캄보디아 건국신화에서 나가의 문화를 이해해야 앙코르 유적을 제대로 볼 수 있을 것이다.

1. 비자 발급

· 일반 발급

주한 캄보디아 대사관에서 직접 접수하면 2일, 여행사를 통해 대행할 경우 3~7일 후 받을 수 있다.

· 전자 비자

캄보디아 외교국제협력부처에서 운영하는 비자 발급 사이트(https://www.evisa.gov.kh/)를 이용한다. 인터넷을 통해 신청하면 3일 후 이메일로 받은 비자를 프린트해서 사용한다. 가장 손쉬운 방법이지만 비자 발급 비용 이외 수수료가 추가된다.

· 도착 비자

캄보디아에 도착한 뒤 공항에서 비자 신청서를 작성해서 제출하면 바로 받을 수 있다. 입국장 옆에 있는 비자 신청소로 가서 증명사진 1장과 비자 신청서를 제출한다. 작성은 영문 대문자로 표기한다. 바가지 요금을 씌울 수 있으므로 주의하자.

· 도착 비자 신청서 작성법

2. 출입국 카드 작성법

<table>
<tr><td colspan="2">

ARRIVAL CARD № 7053458
PLEASE COMPLETE WITH CAPITAL LETTER

Family name 성
Given name 이름
Date of birth 생년월일 / Nationality 국적
Passport N° 여권번호 / Sex □남 □여
Flight / Vessel / Vehicle N° 입국 항공편명
From 출발지
Visa N° 비자번호 / Place of issue 발행 장소
Purpose of Travel 방문 목적 / Length of stay 여행 기간
Address in Cambodia 호텔 주소

I declare that the information I have given is true and correct.

For official use only | Signature 서명
Date 입국 날짜

</td><td colspan="2">

DEPARTURE CARD № 7053458
PLEASE COMPLETE WITH CAPITAL LETTER

Family name 성
Given name 이름
Date of birth 생년월일 / Nationality 국적
Passport N° 여권번호 / Sex □남 □여
Flight / Vessel / Vehicle N° 출국 항공편명
Final Destination 도착지
(Cambodian only)
I declare that the information I have given is true and correct.

Signature 서명 / Date 출국 날짜

For official use only

</td></tr>
</table>

3. 환전

캄보디아의 기본 통화는 미화 달러다. 리엘은 한국에서 환전도 불가능하고, 캄보디아에서도 전혀 필요가 없다. 너무 고액권이나 소액권만 가지고 있거나 2달러는 사용하기 불편하다. 예를 들어 총 500달러를 환전한다면 100달러 2장, 20달러 5장, 10달러 10장, 5달러 16장, 1달러 20장 정도면 사용하기 편리하다.

4. 여행 가방 싸기

· 옷과 신발
우기와 건기에 따라 약간씩 다르지만 활동이 편한 복장이 좋다. 반바지와 반소매 그리고 약간 쌀쌀한 아침, 저녁과 한낮에 햇빛을 막기 위한 얇은 긴 옷도 꼭 필요하다. 유적 여행지의 특성상 많이 걸어야 하기 때문에 가벼운 운동화와 양말을 준비한다.

· 자외선 차단제

햇살이 뜨거우므로 선크림은 반드시 준비한다. 캄보디아 현지 럭키몰이나 앙코르마켓에서 구입할 수도 있다.

· 우산, 양산, 모자

건기 때도 갑자기 비가 내리는 경우가 있으므로 우산을 챙기고, 뜨거운 태양을 피할 양산과 모자, 선글라스 등을 준비한다.

· 카메라

핸드폰의 카메라 성능이 많이 좋아지긴 했지만 앙코르 유적의 웅장함과 섬세함을 좀 더 잘 담으려면 카메라를 준비하는 게 좋다.

· 손전등

캄보디아는 전기 사정이 열악해 가끔 정전을 대비해서 손전등이 필요하다. 또한 앙코르왓 일출을 볼 경우에도 꼭 필요하다.

· 나침반

유적을 둘러볼 때 동서남북 방위를 이해하면 아주 편리하다. 그리고 이동 수단의 기사와 만날 장소를 동문, 서문 등으로 정할 경우 찾아가는 데 도움이 된다.

· 작은 가방

캄보디아 여행은 유적 여행이다. 그래서 유적지에 들어갈 때마다 큰 가방을 들고 다니는 것보다는 작은 가방이 편리하다. 시원한 물을 넣을 수 있는 주머니가 옆에 달려 있으면 더 좋다.

· 먹거리

씨엠립에 있는 마트에서는 컵라면, 즉석밥, 소주와 같은 한국 식품을 판매한다. 유적지를 다닐 때 먹을 간단한 견과류 혹은 과자를 준비하는 게 좋다.

· 구급약

상처가 났을 때 쓸 반창고와 연고, 지사제, 감기약, 해열제 등을 챙긴다. 벌레가 많기 때문에 벌레 쫓는 약과 벌레 물린 데 바르는 약도 챙긴다.

· **예방접종**

씨엠립 지역은 큰 예방접종이 필요 없다. 모기가 매개체가 되는 댕기열은 예방약이 없고 모기에 덜 물리게 조심하는 방법밖에 없다.

5. 유적 보는 방법과 일정 정하기

· **유적 보는 방법**

① 유적지 일일 투어에 참가해서 본다

씨엠립에 가면 한인 여행사에서 주관해서 한국인이 진행하는 유적지 일일 투어가 있다. 자유롭게 둘러볼 수 없는 게 불편하지만 여러 명이 어울러서 유적을 보기 때문에 다양한 사람들을 만날 수 있는 장점이 있다.

② 개별 가이드를 고용해서 가족이나 일행들만으로 유적을 본다

함께 여행하는 일행의 환경에 맞춰 다양한 유적을 관람할 수 있고, 씨엠립 시내 관광도 적절하게 가이드와 조절할 수 있다. 비용은 현지인 영어 가이드는 25~30달러, 한국어 가이드는 50달러, 한국인 가이드는 150~200달러 정도다.

③ 이동 수단만 임대해서 유적을 본다

인원에 따라 툭툭, 벤 등 이동 수단을 임대하고 가이드북을 들고 다니며 유적을 둘러본다. 일정을 마음대로 정할 수 있는 장점이 있지만 힌두교나 캄보디아에 대해 잘 알지 못할 경우, 유적지에서 길을 잃을 수도 있고 유적을 이해하는데 다소 어려움이 있을 수 있다. 하루나 이틀 정도는 전문가와 다니는 게 좋다.

· **유적지 보는 일정 정하기**

유적지 일정이 나오면 호텔이나 이동 수단을 정할 때 도움이 된다. 유적지 보는 일정을 정할 때 원칙을 몇 가지 세워 보자.

① 내가 보고 싶은 유적지를 정해 보자

앙코르톰, 앙코르왓, 반테이 쓰라이, 롤루오, 따 쁘롬과 같은 핵심 유적은 꼭 보자. 그 이외에 자료를 찾다가 꼭 보고 싶은 곳이 있다면 일정에 포함시킨다.

② 너무 많은 사람들이 가는 시간은 피하자

핵심 유적은 사람들이 많이 간다. 대부분 단체 관광객은 오전 8시쯤 출발하므로 그 시간은 피하자. 앙코르톰은 주로 오전에 보러 간다. 단체 관광이 8시~8시 30분에 출발하니 7시 30분이나 9시 이후에 가는 게 좋다. 반테이 쓰라이는 씨엠립 시내에서 거리가 멀기 때문에 아침 일찍 가거나 오후 3시 이후에 가는 것을 추천한다.

③ 내가 들어갈 문과 나올 문을 고려하여 동선을 생각해 보자

따 쁘롬은 동문으로 들어가 서문으로 나온다. 바콩, 반테이 끄데이, 쁘레아 칸, 바이욘, 바푸온 등도 마찬가지다.

④ 내 체력을 고려하자

오후가 되면 태양이 뜨겁기 때문에 체력에 무리가 가지 않도록 주의한다.

6. 호텔 예약하기

씨엠립에는 다양한 호텔이 있다. 1박에 800달러가 넘는 풀 빌라부터 1박에 1달러 정도인 도미토리까지 다양하다.

❶ 위치, 수영장, 조식, 금액 등 어느 수준의 방을 사용할지 정하고 찾는 게 도움이 될 것이다. 간혹 올드마켓 주위로 방을 구해야 한다고 생각하는 경우가 있다. 올드마켓 주변은 처음 여행자 거리가 형성될 때 생긴 숙소들이 대부분이라 낡은 경우가 많다.

❷ 숙소를 저녁에 잠자는 공간만으로 생각해서는 곤란하다. 더운 날씨 때문에 오전에 유적을 둘러보고 낮에 1~2시간 쉬는 게 좋다. 낮에 쉬는 공간으로도 염두에 두고 숙소를 구한다.

❸ 아이들이 있다면 수영장이 있는 숙소를 추천한다. 아이들이 재미있게 물놀이를 하고, 어른들도 유적을 둘러보며 지친 몸을 수영장에서 쉰다면 재충전하기 좋을 것이다.

❹ 외국인들과 어울려 보고 싶은 여행자라면 호스텔 등을 이용해 보는 것도 재미날 것이다.

❺ 호텔 예약하는 방법은 크게 4가지가 있다.

A. 아고다, 호텔스와 같은 사이트에서 예약하여 즉시 결제한다. 사진으로 확인이 가능하지만 실제와 다를 수 있고 문제가 생길 경우 대처가 어렵다.

B. 한국 여행사를 통해 예약한다. 문제가 생길 경우 해결점을 찾을 수 있으나 현장의 상황을 시시때때로 알 수는 없기 때문에 모든 궁금증을 해소하는 데 한계가 있다.

C. 인터넷 검색을 통해 현지 여행사를 이용한다. 현지 정보가 정확하며 사고 등 문제가 생기면 대처하기 쉽다. 하지만 업소에 대한 정보가 부족하며 현금으로만 결제해야 한다.

D. 호텔에서 홈페이지를 통해 직접 마케팅하는 경우가 있다. 가끔 여행사를 통하는 것보다 저렴한 프로모션을 하는 경우가 있으니 확인하자.

7. 앙코르 유적 여행하기

· 이동 수단

❶ 툭툭을 탈 때는 마스크를 준비하고 3명 이상 타지 않는 게 좋다. 무게가 많이 나가면 회전할 때 추락 위험이 있다. 아이들이 호기심에 일어서서 떨어지는 경우도 있으니 주의하자.

❷ 3명이라면 승용차가 적합하다.

❸ 4명 이상이면 승합차를 준비하는 게 좋다. 시원한 바람과 여유 있는 좌석은 다음 유적지로 이동하는 데 힘을 실어준다.

❹ 대부분 교통수단은 오전 7~8시에 시작하여 오후 6~7시까지 운행한다. 팁을 조금 더 줘서 저녁을 먹고 숙소까지 가는 데까지 활용하는 게 좋다. 툭툭 운전자들은 손님이 그냥 가면 1달러라도 더 벌기 위해 저녁 길거리에서 일을 한다.

❺ 툭툭이나 승용차를 선택하는 것은 본인이 결정한다. 비싼 승용차가 편리하지만 이곳 특유의 교통수단인 툭툭을 타고 시원한 바람을 맞는 것도 나쁘지 않다.

❻ 가이드와 기사를 착각하지 말자. 현지에서 영어든 한국어든 가이드 자격을 따기 위해서는 많은 공부와 노력을 해야 한다. 힌두 유적을 체계적으로 배우지 않고 가이드북을 조금 읽어보고 대충 이야기하는 기사들이 가끔 있다. 그를 통해 알게 된 상식을 믿지 말자.

가끔 가이드가 자기 차량으로 투어를 하는 경우도 있다. 그렇게 되면 동문에서 서문으로 나오는 따 쁘롬도 결국 다시 들어간 문으로 나와야 한다. 같은 돈을 주고 그렇게 해야 할 이유가 없다.

❼ 앙코르 지역은 언덕이 거의 없어 자전거를 타기 아주 좋은 지역이다. 그렇지만 몇 가지 주의할 점이 있다.

첫째, 덥고 습하기 때문에 체력을 잘 관리해야 한다.

둘째, 역주행이 많기 때문에 시내에서는 조심해야 한다.

셋째, 유적에 들어가는 문과 나오는 문이 다른 곳이 많으니 주의해야 한다.

넷째, 유럽인들은 10~30일씩 휴가를 나와서 천천히 유적을 본다. 반면에 우리나라 사람들은 평균 3~4일 정도를 머물기 때문에 자전거를 타는 것보다 유적을 둘러보기를 추천한다.

· 입장권

❶ 유적지 통합 입장권은 1일 20달러, 3일 40달러, 7일 60달러다.

❷ 벵 밀리아 5달러, 꼬 께 10달러, 반테이 츠마 5달러, 삼보 프레이 쿡 3달러 등 외곽 유적지는 별도의 입장권을 구입해야 한다.

❸ 오후 5시 30분이 되면 입장권을 점검하는 사람들이 퇴근한다. 그렇다고 해서 입장권 없이 유적지에 들어가다 걸리면 큰 문제가 일어날 수도 있으니 입상권을 소지하고 유적지에 들어가자.

❹ 유적지의 공식적인 입장 가능한 시간은 오전 5시 30분~오후 5시 30분까지다.

· 유적

❶ 각 유적은 주 출입문이 있다. 왕은 신이 다니는 신도로 들어간다. 대부분은 동문이 정문인데, 앙코르왓은 서문이 정문이다. 네악 뽀안은 병원이므로 정해진 입구가 없다.

❷ 유적을 보는 방법은 다양하다. 연대별로 보게 되면 몇 가지의 변화를 발견할 수 있기 때문에 재미가 배가 된다. 압사라의 몸매와 옷, 사자, 나가, 수문장 등의 변화를 알 수 있다.

❸ 건축 왕 자야바르만 7세 유적만의 특징을 살펴본다. 사면상, 나가, 가루다, 〈젖의 바다 젓기〉, 수문장의 위치 변화 등을 알 수 있다.

❹ 앙코르왓의 3층 성소와 앙코르톰의 바푸온은 짧은 옷을 입고 들어갈 수 없다. 반팔과 무릎을 덮는 반바지를 입어야 한다. 다른 곳은 복장에 대한 규제가 없다.

· 날씨

❶ 일몰과 일출을 보는 것은 날씨가 크게 좌우한다. 일출을 보는 것을 일정에 넣을 경우, 그날 일정 전체에 영향을 미친다. 우기라도 일몰이 아주 좋은 날 다음 날은 일출도 좋을 확률이 높다. 건기라도 일몰이 좋지 않으면 다음 날 일출이 좋지 않을 확률이 높다.

＊일출이 보기 좋은 곳 : 앙코르왓, 스라 스랑, 서 바라이

＊일몰이 보기 좋은 곳 순위 : 스라 스랑, 바콩, 서 바라이, 쁘레 룹, 프놈 바켕

❷ 5~10월은 우기, 11~4월은 건기다. 날씨에 따라 유적 보는 방법이 약간씩 다르다. 가장 더운 3~6월은 한낮에 쉬는 게 좋다. 오전 7시에 출발해서 11시에 돌아오고, 오후 4시 이후에 출발해서 또 다른 유적을 보는 게 좋다. 비교적 시원한 11, 12월이라도 낮에는 30도로 올라간다.

❸ 우기에 95퍼센트의 비가 오고 건기에 5퍼센트 정도의 비가 온다. 비는 대부분 스콜성으로 오는데 비가 내리는 시각과 장소를 정확히 예측할 수는 없다.

❹ 똘레삽은 최저 수심 1미터, 최대 수심 12미터로 수위가 상당히 차이가 난다. 8~2월까지는 어디든 접근이 쉽고 물이 많아 좋다. 그렇지만 건기의 절정을 이루는 4, 5월은 모든 부두의 배가 다니는 게 쉽지 않고 특히 캄퐁 플룩의 맹그로브 숲은 땅이 2미터 이상 드러나서 쪽배를 탈 수가 없다. 제일 접근이 용이한 곳이 총크니어다.

---

8. 기타

❶ 시내에서 공항까지 자동차를 타고 가면 10~15분 정도 걸린다. 공항이 작아서 수속 절차까지 1시간 30분 정도면 충분하다.

❷ 수많은 유적의 사진을 그냥 두면 한두 달만 지나도 구별이 어렵다. 여행을 다녀온 후 사진 정리나 후기를 남기는 게 좋다.

참고 문헌

김용옥, 『앙코르와트, 월남가다』, 통나무, 2005

비토리오 로베다 지음, 윤길순 옮김, 『앙코르와트』, 문학동네, 2006

『Focusing on the Angkor Temples: The Guidebook』, Michel Petrotchenko, 2014

찰스 히검 지음, 조흥철 옮김, 『앙코르 문명』, 소나무, 2009

차장섭, 『앙코르-인간이 만든 신의 나라』, 역사공간, 2010

후지하라 사다오 지음, 임경택 옮김, 『앙코르와트』, 동아시아, 2014

주달관 지음, 박상준 옮김, 『진랍풍토기』, 백산자료원, 2007

브뤼노 다강 지음, 이종인 옮김, 『앙코르 장엄한 성벽도시』, 시공사, 1997

스와미 치트아난다 엮음, 김석진 옮김, 『인도신화』, 북하우스, 2002

서규석 지음, 『앙코르 와트-신화가 만든 문명』, 리북, 2003

류경희 지음, 『인도신화의 계보』, 살림, 2003

유목민루트, 『앙코르인 캄보디아1, 2』, 두르가, 2005, 2011

최장길, 『앙코르왓 신들의 도시』, 앙코르, 2006

이은구, 『인도의 신화』, 세창미디어, 2003

김형준, 『한 권으로 정리한 이야기 인도신화』, 청아출판사, 1994

이병욱, 『한권으로 만나는 인도』, 너울북, 2011

크리슈나 다르마 지음, 박종인 옮김, 『마하바라타』, 나들목, 2008

도움 주신 분들

• 자문 및 지도 제공해주신 분들

　전남대학교 강신겸 교수, 정경운 교수
　부산외국어대학교 박장식 교수
　캄보디아 앙코르대학교 최인규 교수, 나철회 교수, 김경일 교수

• 사진 제공해주신 분들

　고인돌, 관석, 나르, 운성, 차샷갓, 크리스틴

• 유적 정보를 나누거나 함께 여행하신 분들

　CH 88352, R2D2, 관석, 꽃숙이, 달빛아래, 덤, 들꽃, 땡삐, 라봉이, 로사, 리차드, 방훈, 변사장, 별나라 여왕, 블루문, 비슈마, 사마리탄, 새결, 소피아, 쇠돌이, 시나브로, 연오랑, 연이, 옐로, 운성, 유니, 제주, 준원이 아빠, 책파는 곰, 태수, 태천, 홀로남 그리고 수많은 여행자들.